談修養

當代大師‧經典之作

朱光潛◎著

但是我希望它在這片時間能藉讀者晶瑩的心靈，
如同浮雲藉晶瑩的潭水一般，
呈現一片燦爛的光影。
精神不滅，這影響儘管細微，卻可以蔓延無窮……

序文

十年前我替開明書店寫了一本小冊子，叫做《給青年十二封信》。那時候我還在歐洲讀書，自己還是一個青年，就個人在做人讀書各方面所得的感觸，寫成書信寄回給國內青年朋友們，與其說存心教訓，毋寧說是談心。

我原來沒有希望它能發生多大的影響，不料印行之後，它成爲一種銷路最廣的書，裡面一部分文章被採入國文課本，許多中小學校把它列入課外讀物。上海、廣州都發見這本書的盜印本，還有一位作者用朱光潛的名字印行一本《給青年十三封信》，前三、四年在成都的書店裡還可以看到。

我於是以《給青年十二封信》的作者見知於世，知我者固多，罪我者亦復不少。這一切，我剛才說，都出乎我的意料之外。坦白說，這樣出其不意地被人注

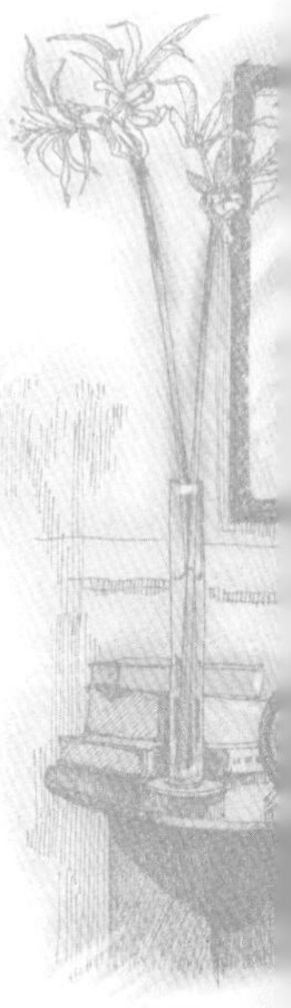

視，我心裡很有些不愉快。那是一本不成熟的處女作，不能表現我的成年的面目，而且掩蓋了後來我較用心寫作的作品。

尤其使我懊惱的是被人看作一個喜歡教訓人的人。我一向沒有自己能教訓人的錯覺，不過我對於實際人生問題愛思想，愛體驗，同時我怕寂寞，我需要同情心，所以心裡有所感觸，便希望拿來和朋友談，以便彼此印證。

我彷彿向一個夥伴說：「關於這一點，我是這樣想，你呢？」我希望看他點一個頭，或是指出另一個看法。

假如我口齒俐朗，加此身邊常有可談的朋友，我就寧願面對面傾心暢談，絕不會寫文章。無如我生來口齒鈍，可談的朋友又不常在身邊，情感和思想需要發洩，於是就請讀者做想像的朋友，和他作筆談。我用「談」字毫不苟且，既是「談」就要誠懇親切。假如我的早年那本小冊子略有可取處，大概也就在此。

這是十年前的話。過去幾年中很有幾家書店和雜誌爲著貪圖銷路，要求我再寫給青年的那一類的文章，我心裡未嘗不想說話，卻極力拒絕這些引誘，因爲做馮婦向來不是一件愜意的事。

於今我畢竟爲中央周刊破戒，也有一個緣故。從前在那部處女作裡所說的話很有些青年人的稚氣，寫時不免爲一時熱情所驅遣，有失檢點，現在回想，頗有些羞愧。於今多吃了十年飯，多讀了幾部書，多接觸了一些人情世故，也多用了一些思考體驗，覺得舊話雖不必重提，漏洞卻須填補。

因此，中央周刊約我寫，我就利用這個機會，陸續寫成這部小冊子中的二十來篇文章。其中也有幾篇是替旁的刊物寫的或沒有發表的，因爲性質類似，也就把它們靠在一起。

讀者有人寫信問我：這些文章有沒有一個系統？有沒有一個中心思想？我回答說：在寫時我只隨便閒談，不曾想把它寫成一部教科書，並沒有預定的系統或中心思想。

不過，它不能說是完全沒有系統。這些年來我在學校裡教書任職，和青年人接觸的機會多，關於修養的許多實際問題引起在這小冊子裡所發表的一些感想。問題自身有些聯絡，我的感想也隨之有些聯絡。

萬變不離宗，談來談去都歸結到做人的道理。它也不能說是完全沒有中心理想。我先天的資稟與後天的陶冶所組成的人格是一個完整的有機體，我的每篇文章都是這有機體所放射的花花絮絮。我的個性就是這些文章的中心。

如果向旁人檢討自己不是一樁罪過，我可以說：我大體上歡喜冷靜、沈著、穩重、剛毅，以出世精神做入世事業，尊崇理性和意志，卻也不菲薄情感和想像，我的思想就抱著這個中心旋轉，我不另找玄學或形而上學的基礎。我信賴我的四十餘年的積蓄，不向主義鑄造者舉債。

這些文章大半在匆迫中寫成的。我每天要到校辦公、上課、開會，和同事、同學們搬唇舌、寫信、預備功課。到晚來精疲力竭走回來，和妻子、女孩、女僕擠在一間臥室兼書房裡，談笑了一陣後，已是八、九點鐘，家人都睡了，我才開始做我的工作，看書或是作文。

這些文章就是這樣在深夜聽著妻女打呼寫成的。因為體質素弱，精力不濟，每夜至多只能寫兩小時，所以每篇文章隨斷隨續要兩三夜才寫成，運思的工夫還不在內。我雖然相當用心，文字終不免有些懈怠和草率。關於這一點我對自己頗不滿，同時也羨慕有閒暇著述的人們的幸福。

目前許多作者寫書，常自認想對建國萬年大業有所貢獻，搖一支筆桿，開一代宗風。我沒有這種學問，也沒有這種野心或錯覺。

這本小冊子，我知道，像一朵浮雲，片時出現，片時消失。但是我希望它在這片時間能藉讀者的晶瑩的心靈，如同浮雲藉晶瑩的潭水一般，呈現一片燦爛的光影。精神不滅，這影響儘管微細，也可以蔓延無窮。

民國三十一年冬在嘉定脫稿

目錄

一番語重心長的話

——給現代中國青年

我在大學裡教書，前後恰已十年，年年看見大批的學生進來，大批的學生出去。這大批學生平庸的固居多數，英俊有為者亦復不少。我們辛辛苦苦地把一批又一批的學生訓練出來，到畢業之後，他們究竟變成什麼的人，做出什麼樣的事呢？

他們大半被一個共同的命運注定——有官做官，無官教書。就了職業就困於職業，正當的工作消磨了二、三分光陰，人事的應付消磨了七、八分光陰。他們所學的原來就不很堅實，能力不夠，自然做不出什麼眞正的事業來。時間和環境又不容許他們繼續研究。不久，他們原有的那一點淺薄學問也就逐漸荒疏，終身只在忙

「糊口」。

這樣一來，他們的個人生命就平平凡凡地溜過去，國家的文化學術和一切事業也就無從發展。還有一部分人因為生活的壓方和惡勢力的引誘，由很可有為的青年腐化為土紳劣豪或貪官污吏，把原來讀書人的面孔完全換過，為非作歹，靦不知恥，使社會上頹風惡習一天深似一天。

教育的功用究竟在那裡呢？想到這點，我感覺到很煩悶。就個人設想，像我這樣教書的人把生命斷送在粉筆屑中，眼巴巴地希望造就幾個人才出來，得一點精神上的安慰，卻年復一年地見到出學校門的學生們都朝一條平凡的黯淡的路徑走，毫無補於文化的進展和社會的改善。這種生活有何意義？豈不是自誤誤人？

其次，就國家民族設想，在這嚴肅的關頭，性格已固定的一輩子人似已無大希望，可希望的只有少年英俊。國家耗費了許多人力財力來培養成千成萬的青年，也正是希望他們將來能擔負國家民族的重任，而結果他們仍隨著一輩人的覆轍走，前途豈不很黯淡？

青年們常歡喜把社會一切毛病歸咎於站在臺上的人們，其實在臺上的人們也還是受過同樣的教育，經過同樣的青年階段，他們也曾同樣地埋怨過前一輩子人。由此類推，到我們這一輩子青年們上臺時，很可能地仍爲下一輩子青年們不滿。今日有理想的青年到明日，往往變成屈服於事實而拋棄理想的墮落者。

章宗祥領導過留日青年，打過媚敵辱國的蔡鍔，而這位章宗祥後來做了外交部長，簽訂了二十一條賣國條約。

汪精衛投過炸彈，坐過牢，做過幾十年的革命工作，而這位汪精衛現在做了敵人的傀儡，漢奸的領袖。

許多青年們雖然沒有走到這個極端，但投身社會之後，投降於惡勢力的實比比皆是，這是一個很可傷心的現象。社會變來變去，而組成社會的人變相沒有變質，社會就不會徹底地變好。這五、六十年來我們天天在講教育，教育對於人的質料似乎沒有發生很好的影響。

這一輩子人睜著眼睛蹈前一輩子人的覆轍，下一輩子人仍然睜著眼睛蹈這一輩子人的覆轍，如此循環輾轉，一報還一報，「長夜漫漫何時旦」呢？

社會所屬望最殷的青年們，這事實和問題是值得鄭重考慮的！時光向前疾駛，毫不留情去等待人，一轉眼青年便變成中年、老年，一不留意便陷到許多中年人和老年人的厄運。

這厄運是一部悲慘的三部曲。第一部是懸一個很高的理想，要改造社會；第二部是發現理想與事實的衝突，意志與社會惡勢力相持不下；第三部便是理想消滅，意志向事實投降，沒有改革社會，反被社會腐化。給它們一個簡題，這是「追求」、「徬徨」和「墮落」。

青年們，這是一條死路！在你們的天眞浪漫的頭腦裡，它的危險性也許還沒有得到深切的了解，你們或許以爲自己絕不會走上這條路。但是我相信，如果你們沒有徹底的覺悟，不拿出強毅的意志力，不下堅苦卓絕的工夫，不作腳踏實地的準備，你們無疑地仍會走上這條路。

數十年之後，你們的生命和理想都毀滅了，社會腐敗依然如故，又換了一批像你們一樣的青年來，仍是改革不了社會。朋友們，我是過來人，這條路的可怕我並沒有誇張，那是絕對不能再走的啊！

耶穌宣傳祂的福音，說只要普天衆生轉一個念頭，把心地洗乾淨，一以仁愛爲懷，人世就可立成天國。這理想簡單到不能再簡單，可是也深刻到不能再深刻。

極簡單的往往是正途大道，因爲易爲人所忽略，也往往最不易實現。本來是很容易的事而變成最難實現的，這全由於人的愚蠢、怯懦和懶惰。

世間事之難就難在人們不知道或是不能夠轉一個念頭，或是轉了念頭而沒有力量堅持到底。幸福的世界裡絕沒有愚蠢者和懶惰者的地位。你要合理的生存，你就要有覺悟、有決心、有奮鬥的精神和能力。

「知難行易」，覺悟這個起點是我們青年所最缺乏的。大家都似在鼓裡過日子，閉著眼睛醉生夢死，放棄人類最珍貴的清醒的理性，降落到豬豚一般隨人飼養，隨人宰割。世間寧有這樣痛心的事！青年們，目前只有一樁大事——覺悟——徹底地覺悟！你們正在作夢，需要一個晴天霹靂把你們震醒，把「覺悟」兩字震到你們的耳裡去。

「條條大路通羅馬」。現實人生和改良社會都不必只有一條路徑可走。每個人所走的路應該由他自己審度自然條件和環境需要，逐漸摸索出來，只要肯走，遲早總可能走到目的地。無論你走那一條路，都必須立定志向做人；做現代的中國人，你必須有幾個基本的認識：

第一、時代的認識 人類社會進化逃不掉自然律。關於進化的自然律，科學家們有不同的看法，依達爾文派學者，生物常在生存競爭中，最適者生存，不適者即歸淘汰。依克魯帕特金，社會的維持和發展全靠各份子能分工互助，互助也是本於天性。這兩種相反的主張產生了兩種不同的國際政治理想。

一種理想是擁護戰爭，生存既是一種競爭，而在競爭中又只有最適者可生存，則造就最適者與維持最適者都必靠戰爭，戰爭是文化進展的最強烈的刺激劑。

另一種理想是擁護和平，戰爭只是破壞，在戰爭中人類盡量發揮殘酷的獸性，愈殘酷愈貪摧毀，愈不易團結，愈不易共存共榮；要文化發展，我們需要建設，建設需要互助，需要仁愛，也需要和平。

這兩種理想各有片面的眞理，相反適以相成，不能偏廢。我們的時代是競爭最激烈的時代，也是最需要互助的時代。競爭是事實而互助是理想，無論你競爭或是互助，你都要拿出本領來。在競爭中只有最適者才能生存，在互助中最不適者也不見得能坐享他人之成。

所謂「最適」就是最有本領，近代的本領是學術思想，是技術，是組織力。無論是個人在國家社會中，或是民族在國際社會中，有了這些本領，才能和人競爭，也才能和人互助，否則你縱想苟且偷生，也必終歸淘汰，自然鐵律是毫不留情的。

第二、國家民族現在地位的認識　我國數千年來閉關自守，固有文化可以自給自足，而且四圍諸國家民族的文化學術水準都比我們低，不曾感到很嚴重的外來的威脅。

從十九世紀以來，海禁大開，中國變成國際集團中的一份子，局面就陡然大變。我們現在遇到兩種極嚴重的難關。

第一，我們固有的文化學術不夠應付現時代的環境，我們起初懾於西方科學與物質文明的威力，把固有的文化看得一文不值，主張全盤接收歐化；到現在所接收的還只是皮毛，毫不濟事，情境不同，移植的樹常不能開花結果，而且從兩次大戰與社會不安的狀況看來，物質文明的誤用也很危險，於是又有些人提倡固有文化，以爲我們原來固有的全是對的。

比較合理的大概是兼收並蓄，就中西兩方成就截長補短，建設一種新的文化學術。但是文化學術須有長期培養，不像酵母菌可一朝一夕製造出來的。我們從事於文化學術的人們，能力都還太幼稚薄弱，還不配建設。

總之，我們舊的已去，新的未來，在這青黃不接的時候，我們和其他民族競爭或互助，幾乎沒有一套武器或工具在手裡，這是一個極嚴重的局勢。

其次，我們現在以全副精力抗戰建國。這兩重工作中抗戰是急需，是臨時的；建國是根本，是長久的。多謝賢明領袖的指導與英勇將士的努力，多謝國際局面的轉變，我們的抗戰已逼近最後的勝利。這是我們的空前的一個好機會，從此我們可以在國際社會中做一個光榮的份子，從此我們可以在歷史上開一個新局面。

但是這「可以」只是「可能」而不是「必然」，由「可能」變爲「必然」，還需要比抗戰更堅苦的努力。

抗戰後還有成千成萬的問題急待解決，有許多惡習積弊要洗清，有許多文化事業和生產事業要建設。我們試問，我們的人才準備能否很有效率的擔負這些重大的工作呢？要不然，我們的好機會將一縱即逝，我們的許多光明希望終將成泡影。我們的青年對此須有清晰的認識，須急起直追，抓住好時機不讓放過。

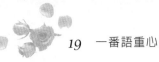

第三、個人對於國家民族的關係的認識　世界處在這個劇烈競爭的時代，國家民族處在這個一髮千鈞的關頭，我們青年人所處的地位如何呢？有兩個重要的前提我們必須認識清楚：

第一、國家民族如沒有出路，個人就絕不會有出路，要替個人出路，必須先替國家民族謀出路。

第二、個人在社會中如果不能成為有力的份子，則個人無出路，國家民族也無出路。要個人在社會中成為有力的份子，必須有德有學有才，而德行學問才具都須經過堅苦的努力才可能得到。

我們青年的錯誤就在對這兩個前提毫無認識，大家都只為個人打算，全不替國家民族著想。

我們忙著貪圖個人生活的安定和舒適，不下工夫培養造福社會的能力，不能把自己所應該做的事做好，一味苟且敷衍，甚至用種種不正當的手段去求個人安富尊榮，鑽營、欺詐、貪污，無所不至，這樣一來，把社會弄得日漸腐敗，國家弄得日漸貧弱。

這是一條不能再走的死路，我已一再警告過。我們必須痛改前非，把一切自私的動機痛痛快快地斬除乾淨，好好地在國家民族的大前提上下工夫。

我們須知道，我們事事不如人，歸根究柢，還是我們的人不如人。現在要抬高國家民族的地位，我們每個人必須培養健全的身體、優良的品格、高深的學術和熟練的技能，把自己造成社會中一個有力的份子。

這是三個最基本的認識。我們必須有這些認識，再加以堅苦卓絕的精神去循序實行，到死不懈，我們個人、我們國家民族，才能踏上光明的大道。

最後，我還須著重地說，我們需要徹底的覺悟。

談立志

抗戰以前和抗戰以來的青年心理有一個很顯然的分別：抗戰以前，普通青年的心理變態是煩悶；抗戰以來，普通青年的心理變態是消沈，煩悶則大半起於理想與事實的衝突。

在抗戰以前，青年對於自己前途有一個理想，要有一個很好的環境求學，再有一個很好的職業做事；對於國家民族也有一個理想，要把侵略的外力打倒，建設一個新的社會秩序。這兩種理想在當時都似很不容易實現，於是他們急躁不耐、失望，以至於苦悶。

抗戰發生時，我們民族毅然決然地拚全副力量來抵擋侵略的敵人，青年們都興奮了一陣，積壓許久的鬱悶為之一暢，但是這種興奮到現在似已逐冷靜下去。國家民族的前途比從前光明，個人求學就業也比以前容易，雖然大家都硬著脖子在吃苦，可是振作的精神似乎很缺乏。在學校的學生們對功課很敷衍，出了學校就業的人們對事業也很敷衍，對於國家大事和世界政局也沒有像從前那樣關切。

這是一個很可憂慮的現象，因爲橫在我們面前的還有比抗敵更艱難的局面，需要更堅決更沈著的努力來應付，而我們青年現在所表現的精神顯然不足以應付這種艱難的局面。

如果換個方式來說，從前的青年人病在志氣太大，目前的青年人病在志氣太小，甚至於無志氣。志氣太大，理想過高，事實迎不上頭來，結果自然是失望煩悶；志氣太小，因循苟且，痲木消沈，結果就必至於墮落。所以我們寧願青年煩悶，不願青年消沈。煩悶至少是對於現實的欠缺還有敏感，還可能激起努力；消沈對於現實的欠缺就根本痲木不仁，絕不會引起改善的企圖。

但是說到究竟，煩悶之於消沈也不過是此勝於彼，煩悶的結果往往是消沈，猶如消沈的結果往往是墮落。目前青年的消沈與前五、六年青年的煩悶似不無關係。煩悶是耗費心力的，心力耗費完了，連煩悶也不會有，那便是消沈。

一個人不會生來就煩悶或消沈的，因為人都有生氣，而生氣需要發揚，需要活動。有生氣而不能發揚，或是活動遇到阻礙，才會煩悶和消沈。煩悶是感覺到困難，消沈是無力征服困難而自甘失敗。這兩種心理病態都是挫折以後的反應。

一個人如果經得起挫折，就不會起這種心理變態。所謂經不起挫折，就是沒有決心和勇氣，就是意志薄弱。

意志薄弱經不起挫折的人往往有一套自寬自解的話，就是把所有的過錯都推諉給環境。明明是自己無能，而埋怨環境不允許我顯本領；明明是自己甘心做壞人，而埋怨環境不允許我做好人。這其實是懦夫的心理，對自己全不肯負責任。

環境永遠不會美滿的，萬一它生來就美滿，人的成就也就無甚價值。人所以可貴，就在他不像豬豚，被飼而肥，他能夠不安於污濁的環境，拿力量來改變它，征服它。

普通的人毛病在責人太嚴、責己太寬。埋怨環境還是由於缺乏自省自責的習慣。自己的責任必須自己擔當起，成功是我的成功，失敗也是我的失敗。每個人是他自己的造化主，環境不足畏，猶如命運不足信。

我們的民族需要自力更生，我們每個人也是如此。我們的青年必須有這種覺悟，個人和國家民族的前途才有希望。能責備自己，信賴自己，然後自己才會打出一片江山來。

我們有一句老話：「有志者事竟成。」這話說得很好，古今中外在任何方面經過艱苦奮鬥而成功的英雄豪傑都可以做例證。

志之成就是理想的實現。人爲的事實都必基於理想，沒有理想絕不能成爲人的事實。譬如登山，先須存念頭去登，然後一步一步的走上去，最後才會達到目的。如果根本不起登的念頭，登的事實自無從發生。這是淺例。

世間許多行屍走肉浪費了他們的生命，就因爲他們對於自己應該做的事不起念頭。許多以教育爲事業的人根本不起念頭去研究，許多以政治爲事業的人根本不起念頭爲國民謀幸福。我們的文化落後，社會紊亂，不就由於這個極簡單的原因嗎？這就是上文所謂「消沈」、「無志氣」。「有志者事竟成」，無志者事就不成。

不過「有志者事竟成」這一句話也很容易發生誤解，「志」字有幾種意義：一是念頭或願望（Wish），一是起一個動作時所存的目的（Purpose），一是達到目的之決心（Will, Determinatioin），譬如登山，先起登的念頭，次要一步一步的走，而這走必步步以登爲目的，路也許長，障礙也許多，須抱定決心，不達目的不止，然後登的願望才可以實現，登的目的才可以達到。

「有志者事竟成」的志，須包含這三種意義在內：第一要起念頭，其次要認清目的和達到目的的方法，第三是抱必達目的之決心。很顯然的，要事之成，其難不在起念頭，而在目的之認識與達到目的之決心。

有些人誤解立志只是起念頭。一個小孩子說他將來要做大總統，一個乞丐說他成了大闊老要砍他的仇人的腦袋，所謂「癩蝦蟆想吃天鵝肉」，完全不思量達到這種目的所必有的方法或步驟，更不抱定循這方法步驟去達到目的之決心，這只是狂妄，不能算是立志。

世間有許多人不肯學乘除加減而想將來做算學的發明家，不學軍事學當兵打仗而想將來做大元帥東征西討，不切實培養學問技術而想將來做革命家改造社會，都是犯這種狂妄的毛病。

如果以起念頭爲立志，則有志者事不成之例甚多。愚公盡可移山，精衛盡可塡海，而世間卻實有不可能的事情。我們必須承認「不可能」的眞實性。

所謂「不可能」，就是俗語所謂「沒有辦法」，沒有一個方法和步驟去達到所懸想的目的。沒有認清方法和步驟而想達到那個目的，那只是癡想而不是立志。志就是理想，而理想之理想必定是可實現的理想。

理想普通有兩種意義，一是可望而不可攀，可幻想而不可實現的完美，比如許多宗教都以長生不老爲人生理想，它成爲理想，就因爲事實上沒有人長生不老。理想的另一意義是一個問題最完美的答案，或是可能範圍以內最圓滿的解決困難的辦法。比如長生不老雖非人力所能達到，而強健卻是人力所能達到的，就人的能力範圍來說，強健是一個合理的理想。這兩種意義的分別在一個蔑視事實條件，一個顧到事實條件；一個渺茫無稽，一個有方法步驟可循。

嚴格地說，前一種是幻想癡想而不是理想，是理想都必顧到事實。在理想與事實起衝突時，錯處不在事實而在理想。我們必須接受事實，理想與事實背馳時，我們應該改變理想。

堅持一種不合理的理想而至死不變只是匹夫之勇，只是「豬武」。我特別著重這一點，因爲有些道德家在盲目地說堅持理想，許多人在盲目地聽。

我們固然要立志，同時也要度德量力。盧梭在他的教育名著《愛彌兒》裡有一段很透闢的話，大意是說：人生幸福起於願望與能力的平衡，一個人應該從幼時就學會在自己能力範圍以內起願望，想做自己所能做的事，也能做自己所想做的事。

這番話出諸浪漫色彩很深的盧梭尤其值得我們玩味。盧梭自己有時想入非非，因此吃過不少苦頭，這番話實在是經驗之談。

許多煩悶，許多失敗，都起於想做自己所不能做的事，或是不能做自己所想做的事。志氣成就了許多人，志氣也毀壞了許多人。既是志，實現必不在目前而在將來。許多人拿立志遠大作藉口，把目前應做的事延宕貽誤。尤其是青年們歡喜在遼遠的未來擺一個黃金時代，把希望全寄託在那上面，終日沈醉在迷夢裡，讓目前寶貴的時光與機會錯過，徒貽後日無窮之悔。

我自己從前有機會學希臘文和義大利文時，沒有下手，買了許多文法讀本，心想到四十歲左右時當有閒暇歲月許我從容自在地自修這些重要的文字，現在四十過了幾年了，看來這一生似不能與希臘文和義大利文有緣分了。那箱書籍也恐怕只有

擺在那裡霉爛了。

這只是一例，我生平有許多事叫我追悔，大半都像這樣「志在將來」而轉眼即空空過去。

「延」與「誤」永是連在一起，而所謂「志」往往叫我們由「延」而「誤」。所謂眞正立志，不僅要接受現在的事實，尤其要抓住現在的機會。如果立志要做一件事，那件事的成功儘管在很遠的將來，而那件事的發動必須就在目前一頃刻。想到應該做，馬上就做，不然就不必發下一個空頭願。發空頭願成了習慣，一個人就會永遠在幻想中過活，成就不了任何事業。

聽說抽鴉片的人念頭最多，意志力也最薄弱。老是在幻想中過活的人，在精神方面頗類似煙鬼。

我在很早的一篇文章裡提出我個人做人的信條，現在想起，覺得其中仍有可取之處，現在不妨趁此再提供讀者參考，我把我的信條叫做「三此主義」，就是此身、此時、此地：一、此身應該做而且能夠做的事，就得由此身擔當起，不推諉給旁人。二、此時應該做而且能夠做的事，就得在此時做，不拖延到未來。三、此地

（我的地位、我的環境）應該做而且能夠做的事，就得在此地做，不推諉到想像中的另一位去做。

這是一個極現實的主義。本分人做本分事，腳踏實，絲毫不帶一點浪漫情調。我相信如果我們能夠徹底地照著做，不至於很誤事。

西諺說得好：「手中一隻鳥，值得林中的兩隻鳥」。許多「有大志」者往往爲著覬覦林中兩隻鳥，讓手中的一隻鳥安然逃脫。

30

朝抵抗力最大的路徑走

我提出這個題目來談，是根據一點親身經驗。有一個時候，我學過做詩塡詞。往往一時興到，我信筆直書，心裡想到什麼，就寫什麼，寫成了自己讀讀看，覺得很高興，自以爲還寫得不壞，後來我把這些處女作拿給一位精於詩詞的朋友看，請他批評。他仔細看了一遍後，很坦白地告訴我說：「你的詩詞未嘗不能做，只是你現在所做的還要不得。」我就問他：「毛病在那裡呢？」他說：「你的詩詞都來得太容易，你沒有下過力，你喜歡取巧，顯小聰明。」聽了這話，我捏了一把冷汗，起初還有些不服，後來對於前人作品費過一點心思，才恍然大悟那位朋友批評我的話，眞是一語道破。

我的毛病確是在沒有下過力。我過於相信自然流露，不知道第一次浮上心頭的意思往往不是最好的意思，第一次浮上心頭的詞句也往往不是最好的詞句。意境要經過洗練，表現意境的詞句也要經過推敲，才能脫去渣滓，達到精妙境界。洗鍊推敲要吃苦費力，要朝抵抗力最大的路徑走。

佛洛姆自述寫作的辛苦時，說：「寫作要超人的意志，而我卻只是一個人！」我也有同樣的感覺，我缺乏超人的意志，不能拚死力往裡鑽，只朝抵抗力最低的路徑走。

這一點切身的經驗使我受到很深的感觸。它是一種失敗，然而從這種失敗中我得到一個很好的教訓。我覺得不但在文藝方面，就在立身處世的任何方面，貪懶取巧都不會有大成就，要有大成就，必定朝抵抗力最大的路徑走。

「抵抗力」是物理學上的一個術語。凡物在靜止時都本其固有「惰性」而繼續靜止，要使它動，必須在它身上加「動力」，動力愈大，動愈速愈遠。動的路徑上不能無抵抗力，凡物的動都朝抵抗力最低的方向。如果抵抗力大於動力，動就會停止，抵抗力縱是低，聚集起來也可以使動力逐漸減少以至於消滅，所以物不能永動，靜止後要它續動，必須加以新動力。這是物理學上一個很簡單的原理，也可以應用到人生上面。

人像一般物質一樣，也有惰性，要想他動，也必須有動力。人的動力就是他自己的意志力。意志力愈強，動愈易成功；意志力愈弱，動愈易失敗。

不過人和一般物質有一個重要的分別：一般物質的動都是被動，使它動的動力是外來的；人的動有時可以是主動的，使他動的意志力是自生自發、自給自足的。

在物的方面，動不能自動地隨抵抗力之增加而增加；在人的方面，意志力可能自動地隨抵抗力之增加而增加，所以物質永遠是朝抵抗力最低的路徑走，而人可以朝抵抗力最大的路徑走。物的動終必爲抵抗力所阻止，而人的動可以不爲抵抗力所阻止。

照這樣看，人之所以爲人，就不能爲最大的抵抗力所屈服。我們如果要測量一個人有多少人性，最好的標準就是他對於抵抗力所拿出的抵抗力，換句話說，就是他對於環境困難所表現的意志力。

我在上文說過，人可以朝抵抗力最大的路徑走，人的動可以不爲抵抗力所阻。我說「可以」不說「必定」，因世間大多數人仍是惰性大於意志力，歡喜朝抵抗力最低的路徑走，抵抗力稍大，他就要繳械投降。

這種人在事實上失去最高生命的特徵，墮落到無生命的物質的水平線上，和死屍一樣東推東倒，西推西倒。他們在道德學問事功各方面都絕不會有成就，萬一以庸庸得厚福，也是叨天之幸。

人生來是精神所附麗的物質，免不掉物質所常有的惰性。抵抗力最低的路徑常是一種引誘，我們還可以說，凡是引誘所以能成爲引誘，都因爲它是抵抗力最低的路徑，最能迎合人的惰性。

惰性是我們的仇敵，要克服惰性，我們必須動員堅強的意志力，不怕朝抵抗力最大的路徑走。走通了，抵抗力就算被征服，要做的也就算成功。

舉一個極簡單的例子。在冬天早晨，你睡在熱被窩裡很舒適，心裡雖知道這應該是起床的時候，而你總捨不得起來。你不起來是順著惰性，朝抵抗力最低的路徑走。被窩的暖和舒適，外面的空氣寒冷，多躺一會兒的種種藉口，對於起床的動作都是很大抵抗力，使你覺得起床是一件天大的難事。但是你如果下一個決心，說非起來不可，一聳身你也就起來了。這一起來事情雖小，卻表示你對於最大抵抗力的征服，你的企圖的成功。

這是一個瑣屑的事例，其實世間一切事情都可作如此看法。歷史上許多偉大人物所以能有偉大成就者，大半都靠有極堅強的意志力，肯向抵抗力最大的路徑走。例如孔子，他是當時一個大學者，門徒很多，如果他貪圖個人的舒適，大可以坐在曲阜過他安靜的學者的生活。但是他畢生東奔西走，席不暇暖，在陳絕過糧，在匡遇過生命的危險，他那副奔波勞碌栖栖遑遑的樣子，頗受當時隱者的嗤笑。

他爲什麼要這樣呢？就因爲他有改革世界的抱負，非達到理想，他不肯甘休。《論語》長沮、桀溺篇章最足見他的心事。長沮、桀溺二人隱在鄉下耕田，孔子叫子路去向他們問路，他們聽說是孔子，就告訴子路說：「滔滔者天下皆是也，而誰以易之！」意思是說，於今世道到處都是一般糟，誰去理會它，改革它呢？

孔子聽到這話嘆氣說：「鳥獸不可與同群，吾非斯人之徒與而誰與？天下有道，丘不與易也。」意思是說，我們既是人就應做人應該做的事，如果世道不糟，我自然就用不著費氣力去改革它。

孔子生平所說的話，我覺得這幾句最沈痛，最偉大。長沮、桀溺看天下無道，就退隱躬耕，是朝抵抗力最低的路徑走，孔子看天下無道，就犧牲一切要拚命去改革它，是朝抵抗力最大的路徑走，他說得很乾脆：「天下有道，丘不與易也。」

再如耶穌，從《新約》中四部「福音」看，他的一生都是朝抵抗力最大的路徑走。他拋棄父母兄弟，反抗當時舊猶太宗教，攻擊當時的社會組織，要在慈愛上建築一個理想的天國，受盡種種困難艱苦，到最後犧牲了性命，都不肯放棄了他的理想。在他的生命史中有一段是一髮千鈞的危機：

他下決心要宣傳天國福音後，跑到沙漠裡苦修了四十晝夜。據他的門徒的記載，這四十晝夜中他不斷地受惡魔引誘。惡魔引誘他去爭塵世的威權，去背叛上帝，崇拜惡魔自己。耶穌經過四十晝夜的掙扎，終於拒絕惡魔的引誘，堅定了對於天國的信念。

從我們非教徒的觀點看，這段惡魔引誘的故事是個寓言，表示耶穌自己內心的衝突。橫在他面前的有兩條路：一是上帝的路，一是惡魔的路。走上帝的路要犧牲自己，走惡魔的路他可以握住政權，享受塵世的安富尊榮。經過四十晝夜的掙扎，他決定了走抵抗力最大的路——上帝的路。

我特別在耶穌生命中提出惡魔引誘的一段故事，因爲它很可以說明宋明理學家所說的天理與人欲的衝突。我們一般人盡善盡惡的不多見，性格中往往是天理與人欲雜揉，有上帝也有惡魔，我們的生命史常是一部理與欲、上帝與惡魔的鬥爭史。

我們常在歧途徘徊，理性告訴我們向東，欲念卻引誘我們向西。在這種時候，上帝的勢力與惡魔的勢力好像擺在天秤的兩端，見不出誰輕誰重。這是「一髮千鈞」的時候，「一失足即成千古恨」，一掙扎立即可成聖賢豪傑。如果要上帝的那一端天秤沈重一點，我們必須在上面加一點重量，這重量就是拒絕引誘，克服抵抗力的意志力。有些人在這緊要關頭拿不出一點意志力，聽惰性擺佈，輕輕易易地墮落下去，或是所拿的意志力不夠堅強，經過一番衝突之後，仍然向惡魔繳械投降。

例如洪承疇本是明末一個名臣，原來也很想效忠明朝，恢復河山，清兵入關後，大家都預料他以死殉國，清兵百計勸誘他投降，他原也很想不投降，但是到最後終於抵不住生命的執著與祿位的誘惑，做了明朝的漢奸。

再舉一個眼前的例子，汪精衛前半生對於民族革命很努力，當這次抗戰開始時，他廣播演說也很慷慨激昂，誰料到他利祿薰心，一經敵人引誘，就起了賣國叛黨的壞心事。依陶希聖的記載，他在上海時仍感到良心上的痛苦，如果拿出一點意志力及早回頭，或一死謝國人，也還不失為知過能改的好漢。但是他拿不出一點意志力，就將錯做錯，甘心認賊作父。

世間許多人失節敗行，都像汪精衛洪承疇之流，在緊要關頭，不肯爭一口氣，就馬馬虎虎地朝抵抗力最低的路徑走。這是比較顯著的例，其實我們涉身處世，隨時隨地目前都橫著兩條路徑，一是抵抗力最低的，一是抵抗力最大的。比如當學生，不死心塌地去做學問，只敷衍功課，混分數、文憑；畢業後不使出本領去替社會服務，只奔走巴結，夤緣倖進，以不才而在高位；做事時又不把事當事做，只一味因循苟且，敷衍公事，甚至於貪污淫佚，遇錢即抓，不管它來路正當不正當……這都是放棄抵抗力最大的路徑而走抵抗力最低的路徑。這種心理如充類至盡，就可以逐漸使一個人墮落。

我常窮究目前中國腐敗的根源，以為一切都由於懶。懶，所以苟且因循敷衍，做事不認眞；懶，所以貪小便宜，以不正當的方法解決個人的生計；懶，所以隨俗浮沈，一味圓滑，不敢為正義公道奮鬥；懶，所以遇引誘即墮落，個人生活無紀律，社會生活無秩序。

知識階級懶，所以文化學術無進展；官吏懶，所以政治不上軌道；一般人都懶，所以整個社會都「吊兒郎當」暮氣沈沈。

懶是百惡之源，也就是朝抵抗力最低的路徑走。如果要改造中國社會，第一件心理的破壞工作是除懶，第一件心理的建設工作是提倡奮鬥精神。

生命是一種奮鬥，不能奮鬥，就失去生命的意義與價值；能奮鬥，則世間很少不能征服的困難。

古話說得好，「有志者事竟成」。希臘最大的演說家是德茂司特尼司，他生來口吃，一句話也說不清楚，但他抱定決心要成爲一個大演說家，他天天一個人走到海邊，向大海練習演說，到後來居然達到了他的志願。

這個實例愛特洛派心理學家常喜援引，依他們說，人自覺有缺陷，就起「卑劣意識」，自恥不如人，於是心中就起一種「男性的抗議」，自己說我也是人，我不該不，我必用我的意志力來彌補天然的缺陷。

愛特洛派學者用這原則解釋許多偉大人物的非常成就，例如聾子成爲大音樂家，瞎子成爲大詩人之類。我覺得一個人的緊要關頭在起「卑劣意識」的時候。起「卑劣意識」是知恥，孔子說得好，「知恥近乎勇」，但知恥雖近乎勇而卻不就是勇，能勇必定有愛特洛派所說的「男性的抗議」。

「男性的抗議」就是認清了一條路徑上抵抗力最大而仍然勇往直前，百折不撓。許多人雖天天在「卑劣意識」中過活，卻永不能發「男性的抗議」，只知怨天尤人，甚至於自己不長進，希望旁人也跟著他不長進，看旁人長進，只懷滿肚子醋意。這種人由知恥回到無恥，注定的要墮落到十八層地獄，永不超生。

能朝抵抗力最大的路徑走，是人的特點。人在能盡量發揮這特點時，就足見出他有富裕的生活力。

一個人在少年時常是朝氣蓬勃，有志氣，肯幹，覺得世間無不可爲之事，天大的困難也不放在眼裡。到了年事漸長，受過了一些磨折，他就逐漸變成暮氣沈沈，意懶心灰，遇事都苟且因循，得過且過，不肯出一點力去奮鬥。一個人到了這時候，生活力就已經枯竭，雖是活著，也等於行屍走肉，不能有所作爲了。

所以一個人如果想奮發有爲，最好是趁少年血氣方剛的時候；少年時如果能努力，養成一種勇往直前百折不撓的精神，老而益壯，也還是可說的。

一個人的生活之強弱，以能否朝抵抗力最大的路徑為準，一個國家或是一個民族也是如此。這個原則有整個的世界史證明。

姑且舉幾個顯著的例，西方古代最強悍的民族莫如羅馬人，我們現在說到能吃苦，肯幹，重紀律，好冒險，仍說是「羅馬精神」。因其有這種精神，所以羅馬人東征西討，終於統一了歐洲，建立一個龐大的殖民帝國。後來他們從殖民地獲得豐富的資源，一般羅馬公民都可以坐在家裡不動而享受富裕的生活，於是變成驕奢淫佚，無惡不為，一到新興的「野蠻」民族從歐洲東北角向南侵略，羅馬人就毫無抵抗力而分崩瓦解。

再如滿清，他們在入關以前過的是騎獵生活，民性最強悍，很富於吃苦冒險的精神，所以到明末張李之亂社會腐敗紊亂時，他們以區區數十萬人之力，就能入主中夏。

可是他們做了皇帝之後，一切皇親國戚都坐著不動吃皇糧，享大位，過舒服生活，不到三百年，一個新興民族就變成腐敗不堪，辛亥革命起，我們就輕輕易易地把他們推翻了。我們如果要明白一個民族能夠墮落到什麼地步，最好去看看北平的旗人。

我們中華民族在歷史上經過許多波折，從周秦到現在，沒有那一個時代我們不遇到很嚴重的內憂，也沒有那一個時代我們沒有和鄰近的民族掙扎，我們爬起來蹶倒，蹶倒了又爬起，如此者已不知若干次。

從這簡單的史實看，我們民族的生活力確是很強旺，它經過不斷的奮鬥才維持住它的生存權。這一點祖傳的力量是值得尊重的。

於今我們又臨到嚴重的關頭了。橫在我們面前的只有兩條路，一是汪精衛和一班漢奸所走的，抵抗力最低的「屈伏」；一是我們全民族在蔣委員長領導之下所走的，抵抗力最大的「抗戰」。

我相信我們民族的雄厚的生活力能使我們克服一切困難。不過我們也要明白，我們的前途困難還很多，抗戰勝利只解決困難的一部分，還有政治、經濟、文化、教育各方面的建設工作還需要更大的努力。

一直到現在，我們所拿出來的奮鬥精神還是不夠。因循、苟且、敷衍，種種病象在社會上還是很流行。我們還是有些老朽，我們應該趁早還童。

孟子說：「天將降大任於斯人也，必先苦其心志，勞其筋骨，餓其體膚，空乏其身，行拂亂其所為，所以動心忍性，增益其所不能。」於今我們的時代是「天將降大任於斯人」的時代了，孟子所說的種種折磨，我們正在親領身受。我們希望每個中國人，尤其是青年們要明白我們的責任，本著大無畏的精神，不顧一切困難向前邁進。

談青年的心理病態

這題目是一位青年讀者提議要我談的。他的這個提議似顯示青年們自己感覺到他們在心理上有毛病。這毛病究竟何在，是怎樣醞釀成的，最好由青年們自己作一個虛心的檢討。

我是一個中年人，和青年人已隔著一層，現時代和我當青年的時代也迥然有別，不能全據私人追憶到的經驗，刻舟求劍似地去臆測目前的事實。我現在所談的大半根據在教書任職時的觀察，觀察有時不盡可據，而且我的觀察範圍只限於大學生。

我希望青年讀者們拿這旁觀者的分析和他們自己的自我檢討比較，並讓我知道比較的結果。這於他們自己有益，於我更有益。

一個人的性格形成，大半固靠自己的努力，環境的影響不可一筆抹煞。「豪傑之士雖無文王猶興」，但是多數人並非豪傑之士，就不能不有所憑藉。很顯然地，現時一般青年所可憑藉的實太薄弱，他們所走的並非玫瑰之路。

先說家庭。多數青年一入學校，便與家庭隔絕，尤其是來自淪陷區域的。在情感上他們得不到家庭的溫慰。抗戰期中一般人都感受經濟的壓迫，衣食且成問題，何況資遣子弟受教育。在經濟上他們得不到家庭的援助，父兄既遠隔，又各爲生計所迫，終日奔波勞碌，既送子弟入學校，就把一切委託給學校，自己全不去管。在學業品行上他們得不到家庭的督導，這些還只是消極的，有些人能受到家庭影響的，所受的往往是惡影響。

父兄把教育子弟當作一種投資，讓他們混資格去謀衣食，子弟有時順承這個意旨，只把學校當作進身之階，此其一。父兄有時是貪官污吏或土豪劣紳，自己有許多惡習，讓子弟也染著這些惡習，此其二。中國家庭向來是多糾紛，而這種糾紛對於青年人常是隱痛，易形成心理的變態，此其三。

次說社會國家。中國社會正當新舊交替之際，過去封建時代的許多積弊惡習還沒有滌除淨盡，貪污腐敗欺詐凌虐的事情處處都有。青年人心理單純，對於複雜的社會不能了解。他們憑自己的單純心理，建造一個難於立即實現的社會理想，而事實卻往往與這理想背馳，他們處處感覺到碰壁，於是失望、懷疑、悲觀等等情緒源源而來。

其次，青年人富於感受性，少定見，好言是非而卻不眞能辨別是非，常輕隨流俗轉移，有如素絲，染於青則青，染於黃則黃。社會既腐濁，他們就不知不覺地跟著它腐濁。

總之，目前環境對於純潔的青年是一種惡性刺激，對於意志薄弱的青年是一種惡性引誘。加以國家處在危難的局面，青年人心裡抱著極大的希望，也懷著極深的憂懼。他們缺乏冷靜的自信，任一股熱情鼓盪，容易提升到高天，也容易降落到深淵。一個人疊次經過這種瘧疾式的暖冷夾攻，自然容易變成虛弱。在身體方面如此，在精神方面也如此。

再次說學校。教育必以發展全人爲宗旨，德育、智育、美育、群育、體育五項應同時注重。

就目前實際狀況說，德育在一般學校形同具文，師生的精力都集中於上課，專圖授受知識，對於做人的道理全不講究。優秀青年感覺到到方面的缺乏而徬徨，頑劣青年則放縱恣肆，毫無拘束。

即退一步言智育，途徑亦多錯誤，灌輸多於啓發，淺嘗多於深入，模仿多於創造，揣摩風氣多於效忠學術。在抗戰期中，師資與設備多因陋就簡，研究的空氣尤不易提高。向學心切者感覺饑荒，凡庸者敷衍混資格。

美育的重要不但在事實上被忽略，即在理論上亦未被充分了解。我國先民在文藝上造就本極優越，而子孫數典忘祖，有極珍文藝作品而不知欣賞，從事藝術創造者更寥寥。大家都迷於淺狹的功利主義，對文藝不下工夫，結果乃有情操駁雜、趣味卑劣、生活乾枯、心靈無寄託等種種現象。

群育是吾國人向來缺乏的，現代學校教育對此亦毫無補救。一般學校都沒有社會生活，教師與學生相視如路人，同學彼此也相視如路人。世間大概沒有比中國大學教授與學生更孤僻更寂寞的一群動物了。

體育的忽略也不自今日始，有些學生們還在鄙視運動，黃皮刮瘦幾乎是知識階級的標籤幟。抗戰中忽略運動之外又添上缺乏營養。我常去參觀學生吃飯，七、八人一席只有一兩碗無油蔬菜，有時甚至只有白飯。吃苦本是好事，虧損虛弱卻不是好事。青年人正當發育時期，日復一日年復一年地缺乏最低限度的營養，結果只有虧損虛弱，甚至於疾病死亡。心理的毛病往往起於生理的毛病，生理的損耗必釀成心理的損耗。這問題有關於民族的生命力，凡是有遠見的教育家與政治家都不應忽視。

家庭、社會、國家和學校對於青年人的影響，如上所述。在這種情形之下，青年人在心理方面便會發生下列幾種不健康的感覺。

第一、是壓迫感覺 青年人當生氣旺盛的時候，有如春日的草木萌芽，需要伸展與生長，而伸長與生長需要自由的園地與豐富的滋養。如果他們像牆角生出來的草木，上面有沈重的磚石壓著，得不著陽光與空氣，他們只得黃瘦萎謝，縱然偶爾能費力支撐，破石罅而出，也必變成臃腫拳曲，不中繩墨。不幸得很，現代許多青年都恰在這種狀況之下出死力支撐層層重壓。

家庭對於子弟上進的企圖有時作不合理的阻撓，社會對於勤勞的報酬不盡有保障，國家爲著政策有時須限制思想與言論的自由，學校不能使天賦的聰明與精力得充分發展，國家前途與世界政局常糾纏不清，強權常歪曲公理。這一切對於青年人都是沈重的壓迫，此外又加上經濟的艱窘、課程的繁重、營養缺乏所釀成的體質羸弱，眞所謂「雙肩上公仇私仇，滿腔兒家憂國憂」。一個人究竟有幾多力量，能支撐這層層重壓呢？撐不起，卻也推不翻，於是都積成一個重載，壓在心頭。

第二、是寂寞感覺　人是富於情感的動物，人也是群居的動物，所以人需要同類的同情心最爲劇烈。哲學家和宗教家抓住這一點，所以都以仁愛立教。他們知道人類只有在仁愛中才能得到眞正幸福。

青年人血氣方剛，同情的需要比中年人與老年人更爲迫切。我們已經說過，現代中國青年不常能得到家庭的溫慰，在學校裡又缺乏社會生活，他們終日獨行踽踽，舉目無親，人生最強烈的要求不能得到最低限度的滿足，他們心裡如何快樂得起來呢？

這裡所謂「同情心」包含異性的愛在內。男女中間除著人類同情心的普遍需要之外，又加上性愛的成分，所以情誼一旦投合，便特別堅強。這是一個極自然的現象，不容教育家們閉著眼睛否認或推翻。我們所應該留意的是施以適當教育，因勢利導，納於正軌，不使其泛濫橫流。

這些年來我們都在採男女同學制，而對於男女同學所有的問題未加精密研究，更未予以正確指導，結果男女中間不是毫無來往，便是偷偷摸摸地來往，毫無來往的似居多數，彼此擺在面前，徒增一種刺激。

許多青年人的寂寞感覺，細經分析起來，大半起於異性中缺乏合理而又合禮的交際。

第三、是空虛感覺　「自然厭惡空虛」，這個古老的自然律可應用於物質，也可應用於心靈。

空虛的反面是充實，是豐富。人生要充實豐富，必須有多方的興趣與多方的活動。一個在道德、學問、藝術，或事業方面有濃厚興趣的人，自然能在其中發現至樂，絕不會感覺到人生的空虛。

宋儒教人心常有「源頭活水」，此心須常是「活潑潑的」；又教人玩味顏子簞食瓢飲的情況之下「所樂何事」，用意都在使內心生活充實豐富。

據近代一般心理學家的見解，藝術對於充實內心生活的功用尤大，因爲它幫助人在事事物物中都可發現樂趣。

觀照就是欣賞，而欣賞就是快樂。現在一般青年人對學術既無濃厚興趣，對藝術及其他活動更漠不置意，生活異常乾枯貧乏，所以常感到人生空虛。此外又加上述的壓迫與寂寞，使他們追問到人生究竟，而他們的單純頭腦所能想出的回答就是「空虛」。他們由自己個人的生活空虛推論到一般人生的空虛，犯著邏輯學家所謂「以偏概全」的錯誤。

個人生活的空虛往往是事實，至於一般人生是否空虛則大有問題，至少歷史上許多偉大人物不是這麼想。

以上所說的三種不健康的感覺，都有幾分是心病，但是它們所產生的後果更爲嚴重，在感覺壓迫、寂寞和空虛中，青年人始而彷徨，身臨難關而找不著出路，躊躇不知所措；繼而煩悶，彷佛以爲家庭、社會、國家、學校以至於造物主，都有意在和他們爲難，不讓他們有一件順心事，於是對一切生厭惡，動輒憂鬱、煩躁、苦悶，繼而頹唐痲木，經不起一再挫折，逐漸失去辨別是非的敏感與向上的意志，隨世俗苟且敷衍，以「世故」爲智慧，視腐濁爲人情之常。

傍徨猶可抉擇正路，煩悶猶可力求正路，到了頹唐麻木，就勢必至於墮落，無可救藥了。

我不敢說現在多數青年都已到了頹唐麻木的階段，但是我相信他們都在傍徨煩悶，如果不及早振作，離頹唐麻木也就不遠了。

繼之，我感覺到現在青年人大半缺乏青年人所應有的朝氣，對一切缺乏眞正的興趣和濃厚的熱情。他們的志向大半很小，在學校只求敷衍畢業，以後找一個比較優裕的差缺，姑求飽暖舒適，就混過這一生。自然也偶爾遇著少數的例外，但少數例外優秀的青年則勢孤力薄，不能造成一種風氣。

現時代的青年，就他們所表現的精神而論，絕不能擔當起現時代的艱鉅任務。這是有心人不能不爲之憂懼的。

這種現狀究竟如何救濟呢？照以上的分析，病的成因遠在家庭、社會、國家與學校所給的不良影響，近在青年人自己承受這影響而起的幾種不健康的感覺。

治本的辦去當然是改良環境的影響，尤其是學校教育。這要牽涉到許多問題，非本文所能詳談。

這裡我只向青年人說話，說的話限於在我想是他們可以受用的，就是他們如何醫治自己，拯救自己。

第一、青年對於自己應有勇氣負起責任 我們旁觀者分析青年人的心理性格，把環境影響當作一個重要的成因，是科學家所應有的平正態度。但是我們也須補充一句，環境影響並非唯一的決定因素，世間有許多人所受的環境影響幾乎完全相同，而成就卻有天淵之別，這就是證明個人的努力可以勝過環境的影響。青年們自己不應該把自己的失敗完全推諉到環境影響，如果這樣辦，那就是對自己不負責任，爲自己不努力去找藉口。

我們旁觀者固不能以豪傑之士期待一切青年，但是每一個青年自己卻不應只以庸碌人自期待。旁人在同樣環境之下所能達到的成就，他如果達不到，他就應自引以爲恥。對自己沒有勇氣負責的人在任何優越環境之下，都不會有大成就。對自己負責任，是一切向上心的出發點。

第二、青年應實事求是，接受當前事實謀應付 不假想在另一環境中自己如何可以顯大本領，也不把自己現在不能顯本領的過失推諉到現實環境。

自己所處的是甲境，應付不好，聊自寬解說：「如果在乙境，我必能應付好。」這是「文不對題」，仍是變態心理的表現。

舉個具體的例：問一位青年人爲什麼不努力做學問，他回答說：「教員不好，圖書不夠，飯沒有吃飽。」這樣一來，他就把責任推諉得乾乾淨淨了。他應該知道，教員不好，圖書不夠，飯沒有吃飽，這些都是事實；他須接受這些事實去應付。如果能設法把教員換好，圖書買夠，飯吃飽。那固然再好沒有；如果這些一時爲事實所不允許，他就得在教員不好，圖書不夠，飯沒有吃飽的事實條件之下，研究一個辦法，看如何仍可讀書做學問。

他如果以爲這樣的事實條件不讓他能讀書做學問，那就是承認自己的失敗；如果只假想在另一套事實條件之下才能讀書做學問，那就是逃避事實而又逃避責任。

第三、青年應明瞭自己的心病須靠自己去醫治　法國有一位心理學家庫維，發明一種自療術，叫「自暗示」。依這個方法，一個人如果有什麼毛病，只要自己常專心存著自己必定好的念頭，天天只朝好處想，絕不朝壞處想，不久他自會痊癒。

他實驗過許多病人，無論所患的是生理方面的病或是心理方面的，都特著奇效。

他的實驗可證明自信對於一個人的心理影響非常之大。自信是一個不幸的人，就隨時隨地碰著不幸事，自信是一個勇敢的人，世間便無不可征服的困難。許多青年人所缺乏的正是自信心。沒有自信心就沒有勇氣，困難還沒有臨頭就自認失敗。

比如上文所說的三種不健康的感覺，都並非絕對不可避免的。如果能接受事實，有勇氣對自己負責任，盡其在我，不計成敗，則壓迫感覺不至發生；每個人都需要同情，如果每個人都肯拿一點同情出來對付四周的人，則大家互有群居之樂，寂寞感覺不至發生；人生來需要多方活動，精力可發洩，心靈有寄託，興趣到處泉湧，則生活自豐富，空虛感覺不至發生。

這些事都不難做到，一般青年所以不能做到者，原因就在沒有自信，缺乏勇氣，不肯努力。

個人本位與社會本位的倫理觀

社會由個人集合所成，而個人亦必存於社會。由前一點說，個人是主體，社會是擴充；由後一點說，社會是主體，個人是附庸。粗略地說，中國傳統的倫理思想偏重前一個看法，西方傳統的倫理思想偏重後一個看法。

中國思想界最佔勢力的是道家與儒家。道家思想有兩個基本原則：一是極端自然主義，一是極端個人主義。

惟其側重自然主義，所以蔑視制度人爲。一切都應任其自然，無爲而治，凡是制度人爲都是不必要的紛擾，我們必須把它丟開，回到「自然狀態」中的渾樸眞純，才能達到太平安樂景象。

惟其側重個人主義，所以蔑視社會。雖說「大患在於有身」，而身究竟貴於天下一切，尊生貴己，長生久視，是道家極重視的一套工夫。「民至老死不相往來」，自然說不到個人轉移社會，更說不到社會影響個人。老子所謂「我無爲而民自化，我無事而民自富，我無欲而民自樸」，其實並非有所作爲，不過人人各安其所，把文化與生活需要降到至低限度，互不侵犯，「共存共榮」而已。

道家反對社會，所以反對適用於社會的美德，如仁義禮智之類。他們的理想是「遺世獨立」、「超然物表」，儒家與道家徹底不同的地方在濟世心切，極重有爲，要把世界由「自然狀態」提升到「文化狀態」。

但是儒家雖不倡個人主義，而論道德，說仁義，卻全從個人本位出發。修身誠意，克己復禮，是基本工夫，齊家治國平天下不過是修身以得的效用。政治只是一種教育又只是人格感化。

季康子問政，孔子回答說：「政者正也，子帥以正，孰敢不正？」己立立人，己達達人；達固可兼善天下，窮仍可獨善其身。儒家所提倡的美德大半含有社會性，但是他們所著重的卻不在它的社會性，而在它對於個人修養的重要。

比如說仁與敬是儒家所極重視的，仁必有對象，敬亦必有對象，但儒家並不著重仁與敬於人（社會）的效用，而著重它們在個人內心是美德。儒家頗鄙視功利主義，很有「爲道德而道德」的精神。

西方思想界最佔勢力的是希臘人所傳下來的哲學系統和從希伯來吸收過來的基督教。哲學支流雖多，談倫理大半從社會本位出發。最顯著的是柏拉圖和黑格爾，他們都以爲國家高於一切，個人幸福應以社會幸福爲本。盧梭本是菲薄社會者，也說民約既成，個人意志即須受制於公衆意志。

近代西方人所提倡的自由似稍替個人主義助聲勢，但是他們的理想的自由，如穆勒所標榜的，是「最多數的最大量的幸福」，仍不脫社會本位的看法。

至於基督教本是被壓迫民族所醞釀成的一種宗教，在歐洲社會開始崩潰時流傳到西方，其要義爲平等博愛，實針對當時歐洲社會的病象，含有很濃厚的社會革命意味。耶穌被認爲救世主，他的受刑是爲全人類贖罪。耶穌教徒的理想是天國的實現而不是個人的享樂。耶穌教所以深入人心的原因，除著提出與現實黑暗世界相對照的一個光明燦爛的天國以外，還有同教門中的極強烈的「弟兄感」。

總之，耶穌教之成功，正因其是從社會本位出發的宗教。哲學與宗教在西方所以走到側重社會的方向，原因大概在西方國小，個人與社會的關係易於感覺到。

「道德」（Morality）一詞在西文原義本爲「習俗」。近代西方倫理學家以爲道德起於人與人的關係，離開社會便無道德可言，甚至有人認爲行爲之爲善爲惡，就看它對於社會有益或有害；社會學家認爲道德只是社會習俗所逐漸演成的，變其所已然爲其所當然，所以倫理學應由規範科學變爲自然科學；政治經濟學家認爲人的好壞大半由於社會環境，說到究竟，個人的道德責任應社會擔負起，要改善個人，先要改善社會。

這兩種不同的看法形成中西文化思想的兩種不同類型。中國人側重個人本位，所以道德的觀念特別濃厚，政治法律思想多從倫理理想出發，倫理學與政治學、法律學有一個一貫條理。

西方人側重社會本位，所以法的觀念特別濃厚，倫理思想常爲政治法律思想所左右，在大哲學家的系統中，政治法律倫理雖亦彼此呼應，而普通倫理學所講的是一回事，政治學和法律學所講的又是一回事，彼此很少關聯。

人是社會的動物，他是一個人，也是社會一份子，我們的基本問題有兩個，

一、離開社會一份子的地位，一個人在人的地位有無道德修養可言呢？二、一個人在社會一份子的地位所表現的道德修養，是否要根據他在人的地位所表現的道德修養呢？

中國傳統思想對於這兩個問題向來予以很肯定的答覆。西方思想或是忽略這兩個問題，或是根本否認它們有何意義，這兩種思想類型各有其環境背景，我們不必武斷地加以評價；而且說到類型，都不免普泛粗略，中國人也未嘗不偶有從社會本位出發，西方人也未嘗不偶有從個人本位出發。

不過就大體說，中國人須先自己是一個好人，對社會才會是好人，個人好，社會才能好；西方人以爲一個人對於社會是好人，才算得是好人，社會好，個人就容易好。他們同以人好與社會好爲理想，不過著重點不同，我們可以借用物理學的術語說，中國人的倫理觀是「離心的」，由內而外的；西方人的倫理觀是「向心的」，由外而內的。

這兩種看法也可以說不只是中西的分別，而是新舊的分別。很顯然的，在西方偏重社會本位的看法到現代更加彰明較著，中國人近來受西方思想的影響，也逐漸傾向社會本位的看法，這也是自然的趨勢，文化愈前進，社會組織愈繁複而嚴密，社會的勢力日漸大，個人的力量也就日漸小，在現代情況之下，以個人轉移社會較難，以社會轉移個人則甚易。

我們的問題是：在現代情況之下，假如一個社會壞到不易收拾它，改善它呢？

依中國傳統的看法，人存則政舉，轉移風化必賴賢哲，在一個壞的社會中，如果少數個人敦品勵行，標出一個好榜樣，使多數人逐漸受感化，造成一個新風氣，然後那個社會自然會變好。

依一部分西方學者的看法，社會自身本其固有的力量逐漸轉變，它所潛藏的弱點就是它向另一方向轉變的萌芽，正反相成，新陳代謝，否極自然泰來。比如封建社會到走不通時，自然會轉變到近代國家社會；農業社會到走不通時，自然會轉變到工業社會；私產社會走不通時，自然會轉變到企業公營社會。每階段的社會有它的特殊理想和道德觀念。

照這個看法，社會是能自力更生的有機體，所謂「自力」就是物質條件，物質條件的大勢所趨有如排山倒海，人力（至少是個人的力量）是無可如之何的。

總之，社會轉變不出兩種方式，或由自變，或由人變，這兩種方式也並不必彼此衝突。我們承認社會本身有一個常趨轉變的大勢，同時我們也不能否認少數人的努力也往往可以促成、延滯，或轉移這個大勢。

「時勢造英雄，英雄亦造時勢」這句老話究竟不錯。極端的唯物史觀不能使我們滿意，就因爲它多少是一種定命論，它剝奪了人的意志自由，也就取消了人的道德責任和努力的價值。

我們必須承認人力可以改造社會，然後我們遇著環境的困難才不會絕望，而我們努力也才有意義與價值，我們也才能夠說，把這世界安排得較合理一點，是我們每個人的責任。

我特別提出這個問題來談，用意是在解答目前一般人所最焦慮的一個問題：中國社會如何可以變好呢？多數青年著眼到社會的黑暗一方面，在這問題前面徬徨、苦悶，以至於絕望。在他們看，這社會積弊太深，積重難返，對於每個人是一種推不翻的重壓，縱然有少數人的努力也是獨木難支大廈，這種心理必須徹底消除的。

我從前曾寫過一段話，現在還覺不錯；「社會愈惡濁，愈需要有少數特立獨行的人們去轉移風氣。一個學校裡學生縱然十人有九人奢侈，一個儉樸的學生至少可以顯出奢侈與儉樸的分別；一個機關的官吏縱然十人有九人貪污，一個清嚴的官吏至少可以顯出貪污與清嚴的分別。好壞是非都由相形之下見出。一個社會到了腐敗的時候，大家都跟旁人向壞處走，沒有一個人反抗潮流，勢必走到一般人完全失去是非好壞分別的意識，而世間便無所謂羞恥事了。所以全社會都壞時，如果有一個好人存在，他的意義與價值是不可測量的。」

世間事有因就必有果，種下善因，遲早必得善果。物理的力不滅，精神的力更不滅，它能夠由一人而感發十人百人以至無數人。所謂「風氣」就是這樣培養成的。

要復興中國民族，我們必須在青年心理中養成對於個人努力的信任。道理原來很簡單，份子不健全，團體絕不會健全，我們的環境日漸其難，不努力絕不能僥倖成功。

現在許多人仍妄存僥倖的心理，以爲我們在競存的世界中，縱然沒有能力，還可以賣老招牌，充空心大老倌，或是以爲我們自己縱然無能，旁人也許會慷慨好施，助我們立國。這種心理最荒唐也最危險。

將來我們的生存權必寄託於全民族每個份子的努力，這是確無疑義的天經地義。藉自己的努力，堅苦卓絕地奮鬥到底，以求征服一切環境困難，找到我們所追求的理想，這是我們所應崇奉的英雄主義。

依照這種英雄主義，我們必須尊敬而且維護社會上一切排除環境困難而能挺身奮鬥者，必須鄙棄而且消滅社會之上一切僥倖苟安者、夤緣幸進者和頹廢因循者。社會像生物一樣，寄生蟲愈多，也就愈易枯朽。無功受祿者與不才而在高位者都是社會的寄生蟲，他們日蛀蝕，夜蛀蝕，終究會將社會蛀蝕成枯殼。

關於這一點，我覺得政教當局須特別注意，爲著自樹聲勢而多引用或扶助一個無品學的青年，便是多獎勵一分苟且僥倖的心理，多打消一分堅苦奮鬥的精神。這種辦法可危及國家命脈，我們當知警惕。

我個人深切的感覺到中國社會所以腐濁，實由我們人的質料太差，學問、品格、人力，件件都經不起衡量。要把中國社會變好，第一須先把人的質料變好。

我並不敢菲薄現代青年，我總覺得現代青年大半仍在鼓裡過日子，沒有明白自己的責任，更不肯出死力去盡自己的責任，多數人徒以學校爲進身干祿之階，品格固不砥礪，學問也止於淺嘗膚受。這種風氣必須改變過，中國才眞正有希望。

改變風氣是教育的事，但是教育卻不僅是學校的事。學校固然應該多給青年們良好的影響，而學校以外的政教當局與整個社會也應該少給青年們以不良的影響。在過去，學校與社會都顯然沒有充分地盡他們的責任，應該自慚的地方甚多，彼此都需要嚴厲的自省與自責。

我近來讀了兩部基督教會史，心裡頗多感觸。耶穌和他的十二門徒與早期神父，除著聖保羅以外，大半出身下層社會，沒有什麼學問。他們處境又非常困難，內受猶太同胞的傾軋，外受羅馬政權的凌虐。

然而在三、四百年間，他們的勢力遍於全歐，五、六百年間，他們的傳教士遠達於中國長安，使耶穌教成爲世界文化中一個主要的因素，沒有一個更好的實例可以使我們明白少數人的努力能造成彌漫一世的風氣。

可是我們也要記著早期基督教的神父的努力是如堅苦卓絕！爲著傳佈他們的信仰，他們赴湯蹈火，居隧道，飽猛獸，前仆後起，以犧牲性命爲光榮。無論我們是否相信基督教，他們的精神確可令人聞風興起。

我們不必需要宗教，但必須有宗教家佈道的精神。

十幾個猶太平民居然撼動了全世界，難道十幾個有爲有守的中國人就不能把中國社會改善嗎？我們需要救世主，這救世主必定是少數人而不是全社會，而少數人卻必有替人類擔荷罪孽，不惜犧牲身家性命的決心。阿門！

談處群（上）

——我們不善處群的病徵

我們民族性的優點很多，只是不善處群。「一個和尚挑水吃，兩個和尚抬水吃，三個和尚沒水吃」，這個流行的諺語把我們民族性的弱點表現得最深刻。

在私人企業方面，我們的聰明、耐性、剛毅力並不讓人，一遇到公衆事業，我們便處處暴露自私、孤僻散漫和推諉責任。這是我們的致命傷，要民族復興，政治家和教育家首先應銳意改革的就在此點。

因爲民治就是群治，以不善處群的民族採行民治，必定是有軀殼而無生命，不會成功的。本文擬先分析不善處群的病徵，次探病源，然後專求對症下藥。

我們不善處群，可於以下數點見出：

一、社會組織力的薄弱　烏合之衆不能成群，群必爲有機體，其中部分與部分，部分與全體，都必有密切聯絡，息息相關，牽其一即動其餘。

社會成爲有機體，有時由自然演變，也有時由人力造作。如果純任自然，一個一盤散沙的民衆可以永遠保其散漫的狀態。要他團結不能不藉人力，用人力來使一個群衆團結，便是組織，群衆全團同時自動地把自己團結起來，也是一件不易想像的事。

大衆儘管同時都感覺到組織團體的必要，而使組織團體結成爲事實，第一須先有少數人爲領導，其次須有多數人協力贊助。我們缺乏組織力，分析起來，就不外這兩種條件的缺乏。

社會上有許多應興之利與應革之弊，爲多數人所迫切感覺到，可是儘管天天聽到表示不滿的呼聲，卻從沒有一個人挺身而出，領導者表示不滿的人們做建設或破壞工作。

比如公路上有一個缺口，許多人在那裡跌過跤，翻過車，雖只須一塊石頭或一擔土可以塡起，而走路行車的人們終不肯費一舉之勞。社會上許多事業不能舉辦，原因一例如此簡單。

「是非只因多開口，煩惱皆由強出頭」，這是我們的傳統的處世哲學。事實也確是如此。儘管是大家共同希望的事，你如果先出頭去做，旁人會對你加以種種猜疑、非難和阻礙。你雖然顧到大衆利益，卻沒有顧到某一部分人的自私心或自尊心，他們自己不能不肯做領袖，卻也不甘心讓你做領袖。因此聰明人「不爲物先」，只袖手旁觀，說說風涼話，而許多應做的事也就擱起。

二、社會德操的墮落　道德原無分公私，是德行就必須影響到社會福利，這裡所說社會德操是指社會組織所賴以維持的德操。

社會德操不勝枚舉，最重要的有三種：

第一是公私分明。一個受公衆信託的人有他的職權，他的責任在行使公衆所賦與的職權，爲公衆謀利益。他自然也還可以謀私人的特殊利益，可是不能利用公衆所賦與的職權。

在我國常例，一個人做了官，就可以由公家的職位安插自己的親戚朋友，拿公家的財產做私人的人情，營私人的生意，塡私人的慾望。這樣假公濟私，貪污作弊，便是公私不分。

此外一個人的私人地位與社會應該有分別。比如父親屬政府黨，兒子屬反對黨，在政治上儘管是對立，而在家庭骨肉的分際上仍可父慈子孝。古人大義滅親，舉賢不避親，同是看清公私界限。

現在許多人把私人的恩怨和政治上的是非夾雜不清。是我的朋友我就贊助他在政治上的主張和行動，是我的仇敵我就攻擊他在政治上的主張和行動，至於那主張和行動本爲好爲壞漠不置問。我們的政治上許多「人事」的困難都由此起，這也還是犯公私不分的毛病。

第二個重要的社會德操是守法執禮的精神。許多人聚集爲一個團體，就有許多繁複的關係和繁複的活動。繁複就容易凌亂，凌亂就容易衝突。要在繁複之中見出秩序，必定有紀律，使易於凌亂者有條理，易於衝突者各守分相安。無紀律則社會不能存在，無尊重紀律的精神則社會不能維持。

所謂紀律就是團體生活的合理的規範，它包含兩大因素，一是國家（或其他集團）所制定的法，一是傳統習慣所逐漸形成而經驗證爲適宜的禮。

所謂「文化」在西文爲Civilization，照字原說，就是「公民化」或「群化」。「群化」其實就是「法化」與「禮化」。一個民族能守法執禮，才能算是「開化的民族」，否則儘管他的物質條件如何優厚，仍不脫「未開化」的狀態。

目前我們大多數人似乎太缺守法執禮的精神。比如到車站買票，依先來後到的次序，事本輕而易舉，可是一般買票者踴躍爭先，十分鐘可了的事，往往要弄到幾點鐘才了，三言兩語可了的事，往往要弄到摩拳擦掌、頭破血流才了，結果仍是不公平，並且十人坐的車要擠上三、四十人，不管車子出事不出事。這雖是小事，但這種不守秩序的精神處處可看見，許多事之糟，就糟於此。

第三個重要的社會德操是勇於表示意見，而且樂於服從多數議決案的精神。這可以說是理想的議會精神。民主政治的精義在每個公民有議政的權利。人愈多，意見就愈紛歧。議政制度的長處就在讓紛歧的意見盡量地表達，然後經過充分的商酌，彼此逐漸接近融洽，產生一個比較合理、比較可使多數人滿意的辦法。

一個理想的公民在有機會參與議論時，應盡量發表自己的意見，旁人錯誤時，我應有理由說服他，旁人有理由說服我時，我也承認自己的錯。經過仔細討論之後，成立了議決案，我無論本來曾否同意，都應竭誠擁護到底。公民如果沒有服從多數而打消自己成見的習慣，民主政治絕不會成功，因爲全體公民對於任何要事都要有一致意見，是一件不容易的事。

我們多數人很缺乏這種政治修養。在開會討論一件事時，大家都噤若寒蟬，有時雖心不謂然而口卻不肯說，到了議決案成立之後，才議論紛紛，埋怨旁人不該那樣做，甚至別標一幟，任意搗亂。許多公衆事業不易舉辦，這也是一個重要的原因。

三、社會制裁力的薄弱　任何複雜社會都不免有惡劣份子在內。壞人的破壞力常大於善人的建設力。在一個群衆之中，儘管善人多而壞人少，多數善人成之而不足的事往往經少數壞人敗之有餘。

要加強善人的力量和減少壞人的力量，必須有強厚的社會制裁力。一個社會不怕有壞人，而怕沒有公是公非，讓壞人橫行無忌。社會制裁力可分三種：

第一是道德風紀。每個民族都有他的特殊歷史環境所造成的行爲理想與規範，成爲一種洪爐烈焰，一個人投身其中，不由自主地受它熔化。一個民族的道德風紀就是他的共同目標，共同理想，這共同理想的勢力愈堅強，那個民族的團結力就愈緊密，而其中各份子越軌害群的可能性也就愈小。這是最積極最深厚的社會制裁力。

其次是法律。每個民族對於最普遍的關係和最重要的活動都有明文或習慣規定，某事應該這樣做，不應該那樣做，是不容以私意決定的，法有定準，則民知所率從。明知而故犯，法律也有懲處的措置。

一般人本大半可與爲善，可與爲惡，而事實上多數人不敢爲惡者，就因爲有法律的制裁。中國儒家素來尊德而輕法，其實爲一般社會說法，法律是秩序的根據，絕不可少。

第三是輿論。輿論就是公是公非。一個人做了好事會受輿論褒揚，做了壞事也免不掉輿論的指摘。

人本是社會的動物，要見好於社會是人類天性。羞惡之心和西方人所謂「榮譽意識」是許多德行的出發點，其實仍是起於個人對於社會輿論的顧慮。

輿論自然也根據道德與法律，但是它的影響更較廣泛，尤其是近代交通發達、報紙流行的情況之下，在目前我國社會裡，這三種社會制裁力卻很薄弱。

第一、我們當思想劇變之際，青黃不接，舊有道德信條被動搖，而新的道德信又還沒有樹立。行為既沒確定的標準，多數人遂恣意橫行。在從前，至少在理論上，道德是人生要義；在現在，道德似成為迂腐的東西，不但行的人少，連談的人也少。

其次，法的精神貴貫徹，有一人破法，或有一事破法，法的威權便降落。我們民族對於法的精神素較缺乏，近來因社會變動繁複，許多事未上軌道，有力者往往挾其力以亂法，狡黠者往往逞其狡黠以玩法，法遂有只為一部分愚弱鄉民而設之傾向。我們明知道社會中有許多不合法的事，但是無可如何。

第三、輿論的制裁須有兩個重要條件。首先人民知識與品格須達到相當的水準，然後所發出的輿論才能真算公是公非，其次政府須給輿論以相當的自由。目前我們人民的程度還沒有達到可造成健全輿論的程度。加以輿論本與道德法律有密切關係，道德與法律的制裁力弱，輿論也自然失其憑依。

我們的社會中雖不是絕對沒有公是公非，而距理想卻仍甚遠。一個壞人在功利的觀點看，往往是成功的人，社會徒驚羨他的成功而抹煞他的壞。「老實」義爲「無用」，「恭謹」看成「迂腐」，這是危險現象，看慣了，也就不覺它奇怪。

至於輿論自由問題，目前事實也還遠不如理想。輿論身未健全自然是一個原因，抗戰時期的國策也把教導輿論比解放輿論看得更重要。

以上所舉三點是我們不善處群的最重要病徵。三點自然也彼此相關，而此外相關的病徵也還不少。但是如果能夠把三種病徵除去，這就是說，如果我們富於社會組織力，具有很優美的社會德操，而同時又有強有力的社會制裁，我相信我們處群的能力一定會加強，而民治的基礎也更較穩固。

談處群（中）

——我們不善處群的病因

近代社會心理學家討論群的成因，大半著重群的份子具有共同性。第一是種族語言的同一，其次則為文化傳統，如學術、宗教、政治及社會組織等，沒有重要的分歧。有了這些條件，一個群眾就會有共同理想、共同情感、共同意志，就容易發為共同行動，如果在這上面再加上英明的領袖與嚴密的制度，群的基礎就堅固了。

拿共同性一個標準來說，我們中華民族似乎沒有什麼欠缺可指，世界上沒有另一個民族在種族語言上比我們更較純一，也沒有另一個民族比我們有更悠久的一貫文化傳統。然而我們中華民族至今還不能算是一個團結緊密而堅強的群，原因在那裡呢？說起來很複雜，歷史環境居一半，教育修養也要居一半。

淺而易見的原因是地廣民眾。上文列舉的共同性，有一點沒有提及，就是共同意識。同屬於一群的人必須每個人都意識到自己所屬的群確實是一個群而不是一班烏合之眾；並且對於這個群有很明顯的認識，和它能發生極親切的交感共鳴。

群的精神貫注到它自己的精神，它自己的精神也就表現群的精神。大我與小我彷彿打成一片，群才堅固結實，所以群的質與量幾成反比。

群愈大，愈難使它的份子對它有明確的意識，群的力量也就越微；群愈小，愈易使它的份子對它有明確的意識，群的力量也就越強，群的意識在歐洲比較分明，就因歐洲各國大半地窄民寡。近代歐洲國家的雛形是希臘和羅馬的「城邦」。城邦的疆域常僅數十里，人口常常不出數千人，有公眾集會，全體國民可以出席，可以參預國家大政。他們常在一起過共同的生活，在這種情形之下，群的意識自然容易發達。

我們中國從周秦以後，疆域就很廣大，人口就很眾多。在全體國民一個大群之下，有依次遞降的小群。一般人民對於下層小群的意識也很清楚，只是對於最大群的意識都很模糊。

孟子談他的社會理想說：「死徒無出鄉，鄉田同井，出入相友，守望相助，疾病相扶持。」這是一個很理想的群，但也是個很小的群，它的存在條件是「死徒無出鄉，鄉田同井」。直到現在，我們的鄉民還維持著這種原始的群；他們爲這種小群意識所囿，不能放開眼界認識大群。

我們在過去歷史上，全民族受過幾次的威脅而不能用全民族的力量來應付，但是在極大騷動之後，社會基層還很穩定，原因也就在此。可幸者這種情形已在好轉中，交通日漸方便，地理的隔閡愈漸減少，而全民族份間的接觸也就愈漸多。

辛亥革命、五四運動和這次的抗戰都可以證明我們現已開始有全民族的意識和全民族的活動，在歷史上我們還不曾有過同樣的事例。

在地廣民衆的情形之下，群的組織雖不容易，卻也並非絕對不可能。它所以不容易的原因在人民難於聚集在一起作共同的活動。如果有一個共同理想能把衆多而散處的人民攝引來朝一個目標走，他們仍可成爲很有力的群。

中世紀歐洲各國割據紛爭，政權既不統一，民族與語言又很分歧，論理似不易成群，但是回教徒佔領耶路撒冷以後，歐洲人爲著要恢復耶穌教的聖地，幾度如醉如狂的結隊東征。十字軍雖不算成功，但可證明地廣民衆不一定可以妨礙群的團結，只要大家有共同理想、共同意志與共同活動。

這次簽約反抗軸心侵略的二十六個國家站在一條陣線上成爲一個群，也就因爲這個道理。從這些事例，我們可以見出要使廣大的民衆團結成群，首先要使他們有共同理想，要儘量給他們參加共同活動的機會。

共同活動就是廣義的政治活動。所以政治愈公開，人民參加政治活動的機會愈多，群的意識愈易發達，而處群的能力也愈加強。因爲這個道理，民主國家人民易成群，而專制國家人民則不易成群。

我國過去數千年政體一貫專制，國家的事都由在上者一手包辦，人民用不著操勞。在上者是治人者，主動者，人民是治於人者，被動者。在承平時，人民坐享其成，「同爲皆得而不知其所得」；在混亂時，人民有時被迫而成群自衛，亦幾近反抗，爲在上者所不容，橫加摧殘壓迫。

在我國歷史上，無群見盛世太平，有群即爲紛爭擾亂。在這種情形之下，群的意識不發達，群的德操不健全，都是當然的事。

政體既爲專制，而社會的基礎又建築於家庭制度。謀國既無機緣，於是人民都集中精力去謀家。在倫理信條上，我們的先哲固亦提倡先國後家，公爾忘私，於忠孝不能兩全必先忠而後孝；但在事實上，家的觀念卻比國的觀念濃厚。讀書人的最高理想是做官，做官的最大目的不在爲國家做事，而在揚名聲，顯父母。一個人做了官，內親和外戚都跟著飛黃騰達。

你細看中國過去的歷史，國家政治常是宮廷政治，一切紛爭擾亂也就從皇親國戚釀起。至於一般小百姓眼睛裡看不見國，自然就只注視著家，拚全力爲一家謀福利。家與家有時不免有利害衝突，要造成保衛家的勢力，於是同姓成爲部落，兄弟儘可鬩於牆，而對於外必禦其侮。

部落主義是家庭主義的伸張，在中國社會裡，小群的活動特別踴躍，而大群非常散漫，意見偶有紛歧，傾軋衝突便乘之而起，都是因爲部落主義在作祟。就表面看，同鄉會、同學會、哥老會之組織頗可證明中國人能群，但是就事實看，許多不必有的隔閡和鬥爭，甚至於許多罪惡行爲，都起於這類小組織。

小組織的精神與大群實不相容，因爲大群須化除界限，而小組織多立界限；大群必廓然大公，而小組織是結黨營私。我們中國人難於成立大群，就誤在小組織的精神太強烈。

一般人結黨多爲營私，所以「孤高自賞」的人對於結黨都存著很壞的觀感。「狐群狗黨」是中國字彙中所特有的成語，很充分表現中國人對於群與黨的鄙視。狐狗成群結黨，潔身自好者不肯同合污，甚至以結黨爲忌。這是一個極不幸的現象，善人既持高超態度，遇事不肯出頭，縱出頭也無能爲力，於是公眾事業都落在宵小的手裡，愈弄愈糟。

成群結黨本身並非一件壞事，尤其在近代社會，個人的力量極有限，要做一番有價值的事業，必須有群眾的勢力。結黨的目的在造成群眾的勢力，我們所當問的不是這種勢力應否存在，而是它如何應用。

惡人有黨，善人沒有黨就不能抵禦他們。這個道理很淺，而我國知識分子常不了解，多少是受了以往道家隱士思想的影響，道家隱士思想起源於周秦社會混亂的時代，是老於世故者逃避世界的一套想法。

他們眼見許多建設作為徒滋紛擾，遂懷疑到社會與文化，主張歸眞返樸，人各獨善其身，長沮、桀溺向子路譏誚富於事業心的孔子說：「滔滔者天下皆是也，而誰以易之？且爾與其從避人之士也，孰若從避世之士哉？」他們不但要「避人」，還要「避世」。

莊子寓言中許多讓天下和高蹈的故事。後來士流受這一類思想的影響很深，往往以「超然物表」「遺世獨立」相高尙，彷彿以為涉身仕途便玷污淸白。

齊梁時有一位周顒，少年時隱居於一個茅屋裡讀書學道，預備媲美巢父、務光。後來他改變志向，應徵做官，他的朋友孔稚珪便以為這是一個大恥辱，假周顒所居的北山的口吻，做了一篇「移文」和他絕交，罵他「誘我松桂，欺我靈壑，雖假容於江皋，乃纓情於好爵。」

這件事很可表現中國士流鄙視政治活動的態度。這種心理分析起來，很有些近代心理學家所說的「卑鄙意識」在內。人人都想抬高自己的身分，覺得社會卑鄙，不屑為伍，所以跳出來站在一邊，表示自己不與人同。現在許多人鄙視群衆與政治活動，骨子裡都有「卑鄙意識」在作祟。

據近代社會心理學家說，群衆的活動多起於模仿。一種情緒或思想能爲一般人所接受的必須很簡單平凡，否則曲高和寡。所以群衆所表現的智慧與德操大半很低，易於成群的人也必須易於接受很低的智慧與德操。我們中華民族似比較富於獨立性，不肯輕易隨人而好立異爲高。宗教情操淡薄由此，群不易組織也由此。

傳統的觀念與相沿的習慣錯誤，而流行教育實未能改正這種錯誤。我始終堅信蘇格拉底的一句老話：「知識即德行。」凡是德行有缺陷，必定由於知識不徹底。

群的組織的最大障礙是自私心，存自私心的人多抱著「自人自掃門前雪，不管他人瓦上霜」的念頭。他們以爲損群可以自利，或以爲輕群可以重己；其中寡廉鮮恥、玷污責任、假公濟私、潔身自好者逃避責任，遺世鳴高。

其實社會存在是鐵一般的事實，個人靠著社會存在也是鐵一般的事實。我們必須接受這些事實，才能生存。

社會的福利是集團的福利，個人既爲集團一份，自亦可蒙集團的福利。社會的一切活動最終的目的當然仍在謀各個份子的福利，所以各個份子對於社會的努力最後仍是爲自己。

有人說：「利他主義是徹底的利己主義。」這話實在千眞萬確，如果全從自己著想而不顧整個社會，像漢奸們爲著幾個賣身錢作敵人的走狗，實在是短見，沒有把算盤打得清楚。他們忘記「皮之不存，毛將焉附」一句話的道理。他們的頹惡由於他們的愚昧，他們的愚昧由於他們所受的教育不夠或錯誤。漢奸如此，一切貪官污吏以及逃避社會責任的人也是如此。

「種瓜得瓜，種豆得豆」掌教育的人們看到社會上許多害群之馬，應該有一番嚴厲的自省！

談處群（下）

——處群的訓練

極淺顯而正當的道理常易被人忽略。一個民族的性格和一個社會的狀況大半是由教育和政治形成的。倘若一個民族的性格不健全，或是一個社會的狀況不穩定，那唯一的結論就是教育和政治有毛病。

這本是老生常談，但是在現時中國，從事教育者未必肯承認國民風紀到了現有狀態是他們的罪過，從事政治者未必肯承認社會秩序到了現有的狀態是他們的罪過。大家都覺得事情弄得很糟，可是都把一切罪過推諉到旁人，不肯自省自疚。

沒有徹底的覺悟，自然也沒有徹底的悛改。這是極危險的現象。諱疾忌醫，病就會無從挽救，我們需要一番嚴厲的自我檢討，然後才能有一番勇猛的振作。

先說教育。我們在過去雖然也曾特標群育為教育主旨之一，試問一般學校裡，群育工作究做到如何程度？從前北京大學常有同班同儕同舍同學們從入學到畢業，三、四年之中朝夕相見而始終不曾交談過一句話。他們自己認為這是北京大學的校風，引為值得誇躍的一件事。一直到現在，還有許多學校裡同學們相視，不但如路人，甚至如仇敵。偶遇些小齟齬，便磨拳擦掌，揮戈動武。

受教育者所受的教育如此，何能望其善處群？更何能望其為社會組織的領導？我們的教育所產生的人才不能擔當未來的艱巨責任，此其一端。

我們的根本錯誤在把教育狹義化到知識販賣，學校的全部工作幾限於上課應付考試。每期課程多至十數種，每週上課鐘點多至三、四十小時。教員力疲於講；學生力疲於聽，於是做人的道理全不講求，就退一步談知識，也只是一味灌輸死板材料，把腦筋看成垃圾箱，盡量地裝，盡量地擠塞，全不管它能否消化啓發。從前說讀書能變化氣質，於今人書讀得越多，氣質越硬頑不化。

這種教育只能產生一些以些許知識技能博衣飯碗的人，絕不能培養領導社會的眞才。

近來頗有人感覺到這種毛病，提倡導師制，要導師於教書之外指導一點做人的道理，用意本來很善，但是實施起來也並未見功效。

這也並不足怪！換湯必須換藥，教育止於傳授知識一個錯誤觀念不改正，導師仍然是教書匠。導師制起於英國牛津、劍橋兩大學，這兩校的教育宗旨是彰明較著的不重讀書，而重養成「君子人」。

在這兩校裡，教員和學生上課鐘點都很少，社交活動卻很多，導師和學生常有接觸的可能，導師對於學生在學業和行爲兩方面同時負有責任，每位導師所負責指導的學生也不過數人。

現在我們的學校把學業和操行分作兩件事，學業仍取「集體生產」式整天上班，操行則由權限不甚劃分、責任不甚專一、疊床架屋式的導師、訓練員、生活指導員和軍事教官去敷衍公事。這種辦法行不通，因爲導師制的眞精神不存在，導師制的必需條件不存在。

要改良現狀，我們必須把教育的著重點由上課讀書移到學習做人方面去，許多龐雜的課程須經快刀斬亂麻的手段裁去，學生至少有一半時間過真正的團體生活，作團體活動。教師也必須把過去的錯誤的觀念和習慣完全改過，認定自己是在「造人」，不只是在「教書」。

每個教師對於所負責造的人當作一件藝術品看待，須求他對自己可以慰懷，對旁人也可以看得過去。每個學生對於教師須當作自己的造化主，與父母生育有同樣的恩惠，知道心悅誠服。

這樣一來，教師與學生就有家人父子的情感，而學校也就有家庭和樂的空氣了。這一層做到了，第二步便須盡量增加團體合作的活動。團體合作的活動種類甚多，有幾個重要的值得特別提出。

第一是操業合作，現行教育有一個大毛病，就是許多課程的對象都是個人而不是團體。學生們儘管成群結隊，實際上各人一心，每人獨自上課，獨自學習，獨自完成學業，無形中養成個人主義的心習。

其實學問像其他事業一樣，需要分工合作的地方甚多。材料的蒐集和整理，問題的商討，實驗的配置，遺誤的檢舉，都必須群策群力。

學校對於可分工合作的工作盡量分配給學生們去合作，團體合作訓練的效益是無窮的。一個人如果常有團體合作的訓練，在學問上可以免偏陋，在性情上也可以免孤僻；他會有很濃厚而愉快的群的意識，他會深切地感覺到：能盡量發揮群的力量，才能盡量發揮個人的力量。

有幾種課程特別宜於團體合作。最顯著的是音樂，在我們古代教育中，樂是一個極重要的節目。它的感動力最深，它的最大功用在和。

在一個團體裡，無論份子在地位、年齡、教育上如何複雜，樂聲一作，男女尊卑長幼都一齊肅容靜聽，皆大歡喜，把一切界限都化除淨盡，彼此靄然一團和氣。愛好音樂的人很少是孤僻的人，所以音樂是群育最好的工具。

其次是運動。相當於中國古代教育中的射。它不但能強健身體，尤其能培養尊秩序紀律的精神。條頓民族如英德諸國都特好運動，在運動上他們培養戰鬥的技術和政治的風度，他們說一個公正的人有「運動家氣派」（Sportsmanship）。

柏拉圖在「理想國」裡談教育，二十歲以前的人就只要音樂和運動兩種功課。這兩種課程應該在各級學校中普遍設立。近來音樂課程僅限於中小學，運動則各校雖有若無，它們的重要性似還沒有爲教育家們完全了解。

音樂和運動是一個民族的生氣的表現，不單是群育的必由之徑。除非它們在課程中佔重要位置，我們的教育不會有眞正的改良。

操業合作之外，第二個重要的處群訓練便是團體組織。有健全的團體組織，學生們才有多參加團體活動的機會，才能養成熱心公益的習慣，一般學校當局常怕學生團結，以致滋擾生事，所以對於團體組織與活動常設法阻止，以爲這就可以息事寧人；也有些學校在名義上各種團體具備，而實際上沒有一個團體是健全的組織。

多數學生爲錯誤的教育理想所誤，只管埋頭死讀書，認爲參加團體活動是浪費時光，甚至於多惹是非，對一切團體活動遂袖手旁觀。於是所謂團體便爲少數人所操縱，假借團體名義，作種種並非公意所贊同的活動。政治上許多強姦民意、假公濟私的惡習慣就由此養成。

學校裡學生自治會應該是一種雛形的民主政府，每個份子都應有參議表決的權利，同時也都應有不棄權的責任。凡關於學生全體利益的事應由學生們自己商討處理，如起居飲食、清潔衛生、公共秩序、公眾娛樂諸項，都無須教員包辦。自治會須有它的法律，有它的風紀，有它的社會制裁力。比如說，有一位同學盜用公物，侮謾師友或是考試舞弊，通常的辦法是由學校記過懲處，但是理想的辦法是由自治會公審公判。

學生團體中須有公是公非，而這種公是公非應有獎勵或裁制的力量。民主國家所託命的守法精神必須如此養成。

人群接觸，意見難免有紛歧，利害難免有衝突，如果各執己見，勢必至於無路可通。要紛歧和衝突化除，必須彼此平心靜氣討論，在種種可能的結論中尋一個最妥善的結論。

民主政治可以說就是基於討論的政治。學問也貴討論，因爲學問的目的在辨別是非眞僞。而這種辨別的工夫在個人爲思想，在團體爲討論，討論可以說是集團的思想。

一個理想的學校必須充滿著歡喜討論的空氣。每種課程都可以用討論方式去學習，每種實際問題都可以在辯論會中解決。

在歐美各著名大學裡，師生們大部分工夫都費於學術討論會與辯論會，在這中問他們成就他們的學業，養成他們的政治習慣，在學校裡是一個辯論家，出學校就是一個良好的議員或社會領袖。

我們的一般學生以遇事沈默爲美德，遇公衆集會不肯表示意見，到公衆有決定時，又不肯服從。這是一個必須醫治的毛病，而醫治必從學校教育下手。

處群訓練一半靠教育，一半也要靠政治。社會仍是一種學校，政治對於公民仍是一種教育。政治愈修明，公民的處群訓也就愈堅實。

政治體制有多種，最合理想的是民主。民主政治實施於小國家，較易收實效，因爲全體人民可以直接參預會議表決，像瑞士的全體公決制。

國大民衆，民主政治即不採取代議方式。代議制的弊病在代議人不一定能代表公衆意志，易流於寡頭政治的變相。要補救這種弊病，必須力求下層政治組織健全。因爲一般人民雖不必盡能直接參加國政，至少可以直接參加和他們最接近的下層行政區域的政治。

我國最下層的行政區是保甲，逐層遞升爲鄉爲縣爲區爲省。保甲在歷史上向來是自治的單位，它的組織向來帶有幾分民主精神。我們要奠定民主基礎，必須從保甲著手。保甲政治辦好，逐層遞升，鄉、縣、區、省以至於我國的政治，自然會一步一步地跟著好。英國政治是一個很好的先例。

英國民主政治的成功不僅在國會健全，尤在國會之下的區議會與市議會同樣健全。市議會已具國會的雛形，公民在市議會所得的政治訓練可逐漸推用於區議會和國會。一般人民因小見大，知道國會和市議會是一樣，市民與市政府的關係也和國民與國政府的關係一樣，知道國政與市政和己身同樣有切身害不容漠視，更不容胡亂處理。

健全下層政治組織自然也不是一件容易事。我們一方面須推廣教育，提高人民知識和道德的水準，一方面也要徹底革除積弊，使人民逐漸養成良好的政治習慣。所謂良好的政治習慣是指一方面熱心參預政治活動，一方面不作腐敗的政治活動。

我國一般人民正缺乏這兩種政治的習慣，他們不是不肯參加政治活動，就是作腐敗的政治活動。比如我們的政府近來何嘗不感覺到健全下層政治組織的重要？保甲制正在推行，縣政正在實驗，下級幹部人員正在受訓練，但是積重難返，實施距理想仍甚遠。根本的毛病在沒有抓住民治精神。

民治精神在公事公議公決，而現在保甲政治則由少數公務員包辦。一般保甲長和聯保主任仍是變相的土豪劣紳，敲詐鄉愚，比從前專制時代反更烈。一般人民沒有參預會議表決的機會，還是處在被統治的地位。下情無由上達，他們只在含冤叫苦。一件事須得做時，就須得做名符其實，否則滋擾生事，不如不做為妙。

縣政實施本是為奠定民治基礎，如果仍採土豪劣紳包辦制，則結果適足破壞民治基礎。這件事關係我國民治前途極大，我國的政治家不能不有深切的警戒。

民主政治與包辦制如水火不相容。消極地說，廢除包辦制；積極地說，就是政治公開。這要從最下層做起，奠定穩定的基礎，然後逐漸推行到最上層。

政治公開有兩個要義，一是政權委託於賦，一是民意須能影響政治。

先就第一點說，我國歷代掄才，不外由考試與選舉。考試是最合於民治精神的一種制度，是我國傳統政治的一大特色。一個人只要有眞才實學，無論出身如何微賤，可以逐級升擢，以至於掌國家大政。因此政權可由平民憑能去自由競爭，不致為某一特殊階級所把持亂用。

中國過去政權向來在相而不在君，而相大半起家於考試，所以中國傳統政體表面上爲君主，而實爲民主。後來科舉專以時文時賦取士，頗爲議者詬病。這只是辦法不良，並非考試在原則上有毛病。

總理制定建國方略，考試特設專院，實有鑑於考試是中國傳統政治中值得發揚光大的一點，用意本至深。但是我國並未能秉承總理遺教，各級公務員大部分未經考試出身，考試中選者也未盡錄用，眞才埋沒，與不才而在高位的情形，都不能說沒有。

這種不公平的待遇，不能獎勵貧士的努力而徒增長宵小彙緣倖進的惡習，政治上的腐濁多於此種因。要想政得其人，人盡其職，必須徹底革除這種種積弊而盡量推廣考試制。

至於選舉是一般民主國家掄才的常徑。選舉能否成功，視人民有無政治知識與政治道德。過去我國選舉權操於各級官吏，名爲選舉，實爲推薦，不像在西方由人民普選。這種辦法能否成功，視主其事者能否公允；它的好處在提高選舉者的資格，即所以增重選舉的責任，提高被選舉者的材質。

在一般人民未受健全的政治教育前，我國可略採從前推薦而加以變通，限制選舉者的資格而不必限於官吏，凡是教育健全而信用卓著者，都可以聯名推選有用的人才。

選舉意在使賢任能，如不公允，由人民賄買或由政府包辦，則適足破壞選舉的信用與功能，我國必須嚴禁。民主政治能否成功，就要看選舉這個難關能否打破，我國必須有徹底的覺悟。

考試與選舉行之得法，一切行政權都由賢能行使，則政治公開的第一要義就算達到了。政治公開的第二要義是民意能影響政治。這有兩端：第一是議會，第二是輿論。

先說議會，民主政治就是議會政治。在西方各國，人民信任議會，議會信任政府；政府對議會負責，議會對人民負責。政府措施不當，議會可以不信任，議會措施不當，人民可以另選。所以政府必尊重民意，否則立即瓦解。

我國從民主政體成立以來，因種種實際困難，正式民意機關至今還未成立。召集國民代表大會，總理遺教本有明文規定，而政府也正在準備促其實現，這還需要全國人民共同努力。最要緊的是要使選舉名符其實，不要再有賄買包辦的弊病。

我國傳統政治本素重輿論。「天視自我民視，天聽自我民聽」這句話在古代即懸爲政治格言。歷代言事有專官，平民上訴隱曲，也特有設備，在野清議尤爲朝廷所重視。過去君主政體沒有很長期地陷於紊亂腐敗狀態，輿論是一個重要的力量。從前的暴君與現代的獨裁政府怕輿論的裁制，常設法加以壓迫或控制，結果總是失敗。「防民之口甚於防川」是一點也不錯的。思想與情感必須有正當的宣洩，愈受阻撓愈一發不可收拾。

近代報章流行，輿論更易傳播。言論出版自由問題頗引起種種爭論。從歷史、政治及群衆心理各方面看，言論出版必須有合理的自由。輿論與人民程度密切相關，自然也有不健全的時候。我們所應努力的不在箝制輿論，而在教育輿論。是非自在人心，輿論的錯誤最好還是用輿論去糾正。

以上所述，陳義甚淺，我們的用意不在唱高調而望能實踐。如果政治方面沒有上述的改革，群的訓練就無從談起。人民必有群的活動、群的意識，必感覺到群的力量，受群的裁制，然後才能養成良好的處群的道德。這是我國施行民治的大工作中一個基本問題，值得政治家與教育家們仔細思量。

談惻隱之心

羅素在《中國問題》裡討論我國民族的性格，指出三個弱點——貪污、怯懦和殘忍。他把殘忍放在第一位，所說的話最足以令人深省——

「中國人的殘忍不免打動每一個盎格魯撒克遜人。人道的動機使我國盡一分力量來減除其餘九十九分力量所做的過惡，這是他們所沒有的。……我在中國時，成千成萬的人在饑荒中待斃，人們為著幾塊錢出賣兒女，賣不出就弄死。白種人很盡了些力去賑荒，而中國人自己出的力卻很少，連那很少的還是被貪污吞沒。……如果一隻狗被汽車壓倒致重傷，過路人十個就有九個站下來笑那可憐的畜牲的哀號。一個普通中國人不會對受苦受難起同情的悲痛，實在他還像覺得它是一個頗愉快的景象，他們的歷史和他們的辛亥革命前的刑律，可見出他們免不掉故意虐害的衝動。」

我第一次看《中國問題》在十幾年以前，那時看到這段心裡甚不舒服，現在爲大學生選英文讀品，把這段話再看了一遍，心裡仍是甚不舒服。我雖不是狹義的國家主義者，也覺得心裡一點民族自尊心遭受打擊，尤其使我慚愧的是沒有辦法來辯駁這段話。

我們固然可以反詰羅素說：「你們西方人究竟好得幾多呢？」可是他似乎預料到這一著，在上一段話終結時，他補充了一句：「話須得說清楚，故意虐害的事情各大國都在所不免，只是它到了什麼程度被我們的僞善隱瞞起來了。」他言下似有怪我們竟明目張膽地施行虐害的意味。

羅素的這番話引起我的不安，也引起我由中國民族性的弱點想到普遍人性的弱點。殘酷的傾向，似乎不是某一民族所特有的，它是像盲腸一樣由原始時代遺留下來的劣根性，還沒有被文化洗刷淨盡。

小孩們大半歡喜虐害昆蟲和其它小動物，踏死一堆螞蟻，滿不在意。用生人做陪葬者或是祭典中的犧牲，似不僅限於野蠻民族。

羅馬人讓人和獸相鬥相殺，西班牙人讓牛和牛相鬥相殺，作爲一種娛樂來看。中世紀審判異教徒所用的酷刑無奇不有。在戰爭中人們對於屠殺尤其狂熱，殺死幾百萬生靈如同踏死一堆螞蟻一樣平常，報紙上輕描淡寫地記一筆，造成這屠殺記錄者且熱烈地慶祝一場。

就在和平時期，報紙上殺人、起火、翻船、離婚之類不幸的消息，也給許多觀衆以極大的快感。

一位西方作家說過：「揭開文明的表皮，在表皮裡你會發見野蠻人。」據說大哲學家斯賓諾莎的得意的消遣是捉蚊蠅擺在蛛網上看牠們被吞食。近代心理學家研究變態心理所表現的種種奇怪的虐害動機如「撒地主義」（Sadism）尤足令人毛骨悚然。這類事實引起一部分哲學家，如中國的荀子和英國的霍布士，推演出「性惡」一個結論。

有些學者對於幸災樂禍的心理，不以性惡爲最終解釋而另求原因。最早的學說是「自覺安全說」。拉丁詩人路庫里特說：「狂風在起波浪時，在岸上看別人在苦難中掙扎，是件愉快的事。」這就是中國成語中的「隔岸觀火」。路庫里特以爲使我們愉快的並非看見別人的災禍，而是慶幸自己的安全。

霍布士的學說也很類似。他以爲別人痛苦而自己安全，就足見自己比別人高一層，心中有一種光榮之感。蘇格蘭派哲學家如柏恩（Bain）之流，以爲幸災樂禍的心理基於權力慾。能給苦痛讓別人受，就足顯出自己的權力。

這幾種學說都有一個共同點，就是都假定幸災樂禍時有一種人我之比較，比較之後見出我比別人安全，比別人高一層，比別人有權力，所以高興。

這種比較也許是有的，但是比較的結果也可以發生與幸災樂禍相反的念頭。比如我們在岸上看翻船，也可以忘卻自己處在較幸運的地位，而假想到自己在船上碰著那些危險的境遇，心中是如何惶恐、焦急、絕望、悲痛。將己心比人心，人的痛苦就變成自己的痛苦。痛苦的程度也隨而異，而心中總不免有一點不安，一點感動，和一點援助的動機。

有生之物都有一種同情感，對於生命都想留戀和維護，凡遇到危害生命的事情都不免惻然感動，無論那生命是否屬於自己。

生命是整個的有機體，我們每個人是其中一肢一節，這一肢的痛癢引起那一肢的痛癢。這種痛癢相關是極原始的，自然的，普遍的。父母遇著兒女的苦痛，彷彿自身在苦痛。同類相感，不必都如此深切，卻都可由此例推。

這種同類的痛癢相關就是普通所謂「同情」——孟子所謂「惻隱之心」。孟子所用的比譬極親切：「今人乍見孺子將入於井，皆有怵惕惻隱之心。」他接著推求原因說：「非所以內交於孺子之父母也，非所以要譽於鄉黨朋友也，非惡其聲而然也。」他沒有指出正面的原因，但是下結論說：「由是觀之，無惻隱之心非人也。」他的意思是說，惻隱之心並非起於自私的動機，人有惻隱之心只因為人是人，它是組成人性的基本要素。

從此可知遇著旁人受苦難時，心中或是發生幸災樂禍的心理，或是發生惻隱之心，全在一念之差。一念向此，或一念向彼，都很自然，但在動念的關頭，差以毫釐便謬以千里。

念頭轉向幸災樂禍的一方面去，充類至盡，便欺詐凌虐，屠殺吞併，刀下不留情，睜眼看旁人受苦不伸手援助，甚至落井下石。這樣一來，世界便變成冤氣瀰漫、黑暗無人道的場所；念頭轉向惻隱一方面去，充類至盡，則四海兄弟，一視同仁，守望相助，疾病相扶持，老有所養，幼有所歸，鰥寡孤獨者亦可各得其所。這樣一來，世界便變成一團和氣、其樂融融的場所。

野蠻與文化，惡與善，禍與福，生存與死滅的歧路，全在這一轉念上面，所以這一念是不能苟且的。

這一轉念關係如許重大，而轉好轉壞又全繫在一個刀鋒似的關頭上，好轉與壞轉同樣的自然而容易，所以古今中外大思想家和大宗教家，都緊握住這個關頭。

各派倫理思想儘管在側輕側重上有差別，各派宗教儘管在信條儀式上互相懸殊，都著重一個基本德行。孔孟所謂「仁」，釋氏所謂「慈悲」，耶穌所謂「愛」，都全從人類固有的一點惻隱之心出發。他們都看出在臨到同類受苦受難的關頭上，一著走錯，全盤皆輸，丟開那一點惻隱之心不去培養，一切道德都無基礎，人類社會無法維持，而人也就喪失其所以為人的本性。

這是人類智慧的一個極平凡而亦極偉大的發現，一切倫理思想、一切宗教，都基於這點發現。這也就是說，惻隱之心是人類文化的泉源。

如果幸災樂禍的心理起於人我的比較，惻隱之心更是如此，雖然這種比較不必盡浮到意識裡面來。儒家所謂「推己及物」、「舉斯力加諸彼」、「己所不欲，勿施於人」，都是指這種比較，所以「仁」與「恕」是一貫的，不能恕絕不能仁。恕須假定知己知彼，假定對於人性的了解。小孩虐待弱小動物，說他們殘酷，不如說他們無知，他們根本沒有動物會痛苦的觀念。

許多成人殘酷，也大半由於感覺遲鈍，想像平凡，心眼窄所以心腸硬。這固然要歸咎於天性薄，風俗習慣的濡染和教育的薰陶也關係。函人惟恐傷人，矢人惟恐不傷人，職業習慣的影響於此可見。

希臘盛行奴隸制度，大哲學家如柏拉圖、亞理斯多德都不爲非；在戰爭的狂熱中，耶穌教徒禱祝上帝殲滅同奉耶穌教的敵國，風氣的影響於此可見。善人爲邦百年，才可以勝殘去殺，習慣與風俗既成，要很大的教育力量，才可挽回轉來。

在近代生活競爭劇烈，戰爭爲解決糾紛要徑，而道德與宗教的勢力日就衰頹的情況下，惻隱之心被摧殘比被培養的機會較多。人們如果不反省痛改，人類前途將日趨於黑暗，這是一個極可危懼的現象。

凡是事實，無論它如何不合理，往往都有一套理論替它辯護。有戰爭屠殺就有辯護戰爭屠殺的哲學。惻隱之心本是人道基本，在事實上摧殘它的人固然很多，在理論上攻擊它的人亦復不少。

柏拉圖在理想國裡攻擊戲劇，就因爲它能引起哀憐的情緒。他以爲對人起哀憐，就會對自己起哀憐，就缺乏大夫氣，容易流於怯懦和感傷。

近代德國一派唯我主義的哲學家如斯特諾（Sterner）、尼采之流，更明目張膽地主張應盡量擴張權力慾，專爲自己不爲旁人，惻隱仁慈只是弱者的德操；弱者應該滅亡，而且我們應促成他們滅亡。

尼采痛恨無政府主義者和耶穌教徒，說他們都迷信惻隱仁慈，力求妨礙個人的進展。這種超人主義釀成近代德國的武力主義。在崇拜武力侵略者的心目中，惻隱之心只是婦人之仁，有了它心腸就會軟弱，對弱者與不健康者（兼指物質與精神的）持姑息態度，做不出英雄事業來。哲學上的超人主義和科學上的進化主義又得一個有力的助手。

在達爾文一派物學家看，這世界只是一個生存競爭的戰場，優勝劣敗、弱肉強食就是在這戰場中的公理。這種物競說充類至盡，自然也就不能容許惻隱之心的存在。因爲生存需要鬥爭，即須拚到你死我活，能夠叫旁人死而自己活著的就是「最適者」；老弱孤寡疲癃殘疾以及一切災禍的犧牲者照理應歸淘汰，向他們表示同情，援助他們，便是讓最不適者生存，違反自然的鐵律。

惻隱之心還另有一點引起許多人的懷疑。它的最高度的發展是悲天憫人，對象不僅是某人某物，而是全體有生之倫。

生命中苦痛多於快樂，罪惡多於善行，禍多於福，事實常追不上理想。這是事實，而這事實在一般敏感者的心中所生的反響，是根本對於人生的悲憫。

悲憫理應引起救濟的動機，而事實上人力不盡能戰勝自然，已成的可悲憫的局面不易一手推翻，於是悲憫者變成悲劇中的主角，於失敗之餘，往往被逼向兩種不甚健康的路上去，一是感傷憤慨，遺世絕俗，如屈原一派人；一是看空一切，徒作未來世界或另一世界的幻夢，如一般厭世出家的和尚。

這兩種傾向有時自然可以合流。近代許多文學作品可以見出這些傾向，比如哈代（T. Hardy）的小說，霍斯曼（A.E. Housman）的詩，都帶著極深的哀憐情緒，同時也帶著極濃的悲觀色彩。許多人不滿意於惻隱之心，因為它有時會發生這種不健康的影響。

惻隱之心有時使人軟弱怯懦，也有時使人悲觀厭世。這或許都是事實，但是惻隱之心並沒有產生怯懦和悲觀的必然性。

波斯大帝若克色斯（Xerxes）率百萬大軍西征希臘，站在橋頭望臺上看他的軍隊走過赫勒斯朋海峽，回頭向他叔父說：「想到人壽短促，百年之後，這大軍之中沒有一個人還活著，我心裡突然感到一陣憐憫。」但是，這一陣憐憫並沒有打消他征服希臘的雄圖。

屠格涅夫在一首散文詩裡寫一隻老麻雀犧牲生命從獵犬口裡救落巢的雛鳥。那首詩裡充滿著惻隱之心，同時也充滿著極大的勇氣，令人起雄偉之感。

孔子說得好：「仁者必有勇。」古今偉大人物的生平大半都能證明真正敢作敢為的人往往是富於同類情感的。菩薩心腸與英雄氣骨常有連帶關係，最好的例子是釋迦。他未嘗無人世空虛之感，但不因此打消救濟人類世界的熱望。「我不入地獄，誰入地獄！」這是何等的悲憫！同時，這是何等的勇氣。

孔子是另一個好例。他也明知「滔滔者天下皆是」，但是「知其不可爲而爲之。」、「鳥獸不可與同群，吾非斯人之徒之與而誰與？天下有道，丘不與易也。」這是何等悲憫！同時，這是何等的勇氣！世間勇於作濟世企圖的人，無論是哲學家、宗教家或社會革命家，都有一片極深摯的悲憫心腸在驅遣他們，時時提起他們的勇氣。

現在回到本文開始時所引起的羅素的一段話。他說：「人道的動機使我們盡一分力量來減除其餘九十九分力量所做的過惡，這是他們（中國人）所沒有的。」這話似無可辯駁，但是我以爲我們缺乏惻隱之心，倒不僅在遇饑荒不賑，窮來賣兒女作奴隸，看到顛沛無告的人掩鼻而過之類的事情，而尤在許多人看到整個社會日趨於險境，不肯做一點挽求的企圖。

教育家們睜著眼睛看青年墮落，政治家們睜著眼睛看社會秩序紊亂，富商大賈睜著眼睛看經濟瀕危，都漫不在意，仍是各謀各的安富尊榮。有心人會問：「這是什麼心肝？」如果我們回答說：「這心肝缺乏惻隱。」也許有人覺得這話離題太遠，其實病原全在這上面。

成語中有「痲木不仁」的字樣，意義極好。痲木與不仁是連帶的。許多人對於社會所露的險象都太痲木，我想這是不能否認的。他們痲木，由於他們不仁（用我們的辭語來說，缺乏惻隱之心），痲木不仁，於是一切都受支配於盲目的自私。這毛病如何救濟大是問題，說來易做來難。

一般人把一切性格上的難題都推到教育，教育是否有這樣萬能，我很懷疑。在我想，大災大亂也許可以催促一部分人的猛省，先哲倫理思想的徹底認識以及佛耶二教的基本精神的吸收，也許可造成一種力量。

無論如何，在建國事業中的心理建設下，培養惻隱之心，必定是一個重要的項目。

談羞惡之心

《新約》裡「約翰福音」第八章記載一段故事：耶穌在廟裡佈教，一大群人圍著他聽。刑名師和法利賽人帶著一個行淫被拘的婦人來，把她放在群衆當中，向耶穌說：「這婦人是正在行淫時被拿著的。摩西在法律中吩咐過我們，像這樣的人應用石頭釘死，你說怎樣辦呢？」耶穌彎下身子來用指畫地，好像沒有聽見他們。他們繼續著問，耶穌於是抬起身子來向他們說：「你們中間誰是沒有罪的，就讓誰先拿石頭釘她。」說完又彎下身子用指畫地。他們聽到這話，各人心裡都有內疚，一個一個地走出去，從最年老的到最後的，只剩下耶穌，那婦人仍站在當中。耶穌抬起身子來向她說：「婦人，告妳狀的人到那裡去了呢？沒有人定妳的罪嗎？」她說：「沒，我的主。」耶穌說：「我也不定妳的罪，去吧，以後不要再犯了。」

這段故事給我以極深的感動，也給我以不小的惶惑。耶穌的寬宥是惻隱之心的最高的表現，高到泯沒羞惡之心的程度，這令人對於他的胸懷起偉大崇高之感。同時，我們也難惑不安。如果這種寬宥的精神充類至盡，我們不就要姑息養奸，任世間一切罪孽過惡蔓延，簡直不受懲罰或裁制嗎？

其實我們對於世間罪孽過惡原可以持種種不同的態度。是非善惡本是世間習用的分別，超出世間的看法，我們對於一切可作平等觀。正覺燭照，五蘊皆空。瞋恚有礙正覺，有如「清冷雲中，霹靂起火」，無論在人在我，消除過惡，都當以正覺淨戒，不可起瞋恚。這是佛家的態度。

其次，即就世間法而論是非善惡之類，道德觀念起於「實用理性批判」。若超出實用的觀點，我們可以拿實際人生中一切現象如圖畫戲劇一樣去欣賞，不作善惡判斷，自不起道德上的愛惡。如尼采所主張的，這是美感的態度。

再次，即就世間法的道德觀點而論，人生來不能盡善盡美，我們彼此都有弱點，就不免彼此都有過錯。這是人類共同的不幸。如果遇到弱點的表現，我們須了解這是人情所難免，加以哀矜與寬恕。「了解一切就是寬恕一切」這是耶穌教徒的態度。

這幾種態度都各有很崇高的理想，值得我們景仰嚮往，而且有時值得我們努力追攀。不過在這不完全的世界中，理想永遠是理想，我們不能希望一切人得佛家所謂正覺，對一切作平等觀，不能而且也不應希望一切人在一切時境，都如藝術家對於罪孽過惡純取欣賞態度，也不能希切人都有耶穌的那樣的寬恕的態度，而且一切過惡都可受寬恕的感化。

我們處在人的立場爲人類謀幸福，必希望世間罪孽過惡減少到可能的最低限度。減少的方法甚多，積極的感化與消極的裁制似都不可少。我們不能人人有佛的正覺，不能人人有那耶穌的無邊的愛，但是我們人人都有幾分羞惡之心。

世間許多法律制度和道德信條都是利用人類同有的羞惡之心作原動力。近代心理學更能證明羞惡之心對於人格形成的重要。基於羞惡之心的道德影響也許是比較下乘的，但同時也是比較實際的、近人情的。

「羞惡之心」一詞出於孟子，他以爲是「義之端」，這就是說，行爲適宜或恰到好處，須從羞惡之心出發。朱子分羞惡爲兩事，以爲「羞是羞己之惡，惡是惡人之惡。」其實只要是惡，在已者可羞亦可惡，在人者可惡亦可羞。

只拿行爲的惡做對象說，羞惡原是一事。不過從心理的差別說，羞惡確可分對己、對人兩種。就對己說，羞惡之心起於自尊情操。

人生來有向上心，無論在學識、才能、道德或社會地位方面，總想達到甚至超過流行於所屬社會的最高標準。如果達不到這標準，顯得自己比人低下，就自引以爲恥。

恥便是羞惡之心。西方人所謂榮譽意識（Sense of Honour）的消極方面。有恥才能向上奮鬥。這中間有一個人我比較，一方面自尊情操不容我居人下，一方面社會情操使我顧慮到社會的毀譽。所以知恥同時有自私的和汎愛的兩個不同的動機。

對於一般人，恥（即羞惡之心）可以說就是道德情操的基礎。他們趨善避惡，與其說是出於良心或責任心，不如說是出於羞惡之心，一方面不甘居下流，一方面看重社會的同情。中國先儒認清此點，所以布政施教，特重明恥。管子甚至以恥與禮義廉並稱爲「國之四維」。

人須有所爲，有所不爲。羞惡之心最初是使人有所不爲。孟子在講羞惡之心時，只說是「義之端」，並未舉例說。在另一段文字裡他說：「人能充無穿窬之心，而義不可勝用也，人能充無受爾汝之實，無所往而不為義也。」這裡他似在舉羞惡之心的實例。「無穿窬」（不做賊）和「無受爾汝之實」（不願被人不恭敬地稱呼），都偏於「有所不為」，和「脅肩諂笑，病於夏畦」，「巧言令色足恭，左丘明恥之，丘亦恥之」之類心理相同。

但孟子同時又說：「人皆有所不為，達之於其所為，義也。」這就是說，羞惡之心可人恥為所不應為，擴充起來，也可以使人恥不為所應為。為所應為便是盡責任，所以「知恥近乎勇」。人到了無恥便無所不為，也便不能有所為。有所不為便可以寡過，但絕對無過實非常人所能。

儒家與耶教都不責人有過，只力勸人改過。知過能改須有悔悟。悔悟仍是羞惡之心的表現。羞惡未然的過惡是恥，羞惡已然的過惡是悔。恥令人免過，悔令人改過。孟子說：「不恥不若人，何若人有？」恥使人自尊自重，不自暴自棄。近代愛德洛（Adler）一派心理學說很可以引來說明這個道理。有羞惡之心先必發現自己的欠缺，發現了欠缺，自以為恥，（愛德洛所謂「卑劣情意結」），覺得非努力把它降伏下去，顯出自己的尊嚴不可，（愛德洛所謂「男性的抗議」），於是設法來彌補欠缺，結果不但欠缺彌補起，而且所達到的成就還比平常更優越。德茂司特尼司本來口吃，不甘受這欠缺的限制，發憤練習演說，於是成爲希臘的最大演說家。貝多芬本有耳病，不甘受這欠缺的限制，發憤練習音樂，於是成爲德國的最大音樂家。

愛德洛舉過同樣的實例，證明許多歷史上的偉大人物在身體資稟或環境方面都有缺陷，這缺陷所生的「卑劣情意結」激起他們的「男性的抗議」，於是他們拿出非常的力量，成就非常的事業。中國左丘明因失明而作《國語》，孫子因臏足而作《兵法》，司馬遷因受宮刑而作《史記》，也是很好的例證。

愛德洛偏就器官機能方面著眼，其實他的學說可以引申到道德範圍。因卑劣意識而起男性抗議，是「知恥近乎勇」的一個很好的解釋。

諸葛孔明要邀孫權和劉備聯合去打曹操，先假勸他向曹操投降，孫權問劉備何以不降，他回答說：「田橫齊之壯士耳，猶守義不辱。況劉豫州王室之冑，英才蓋世，安能復爲之下乎？」孫權聽到這話，便勃然宣布他的決心：「吾不能舉全吳之地，十萬之衆，受制於人！」這就是先激動羞恥心，再激動勇氣，由卑劣意識引到男性抗議。

孟子講羞惡之心，似專就對己一方面說。朱子以爲它還有對人一方面，想得更周到。我們對人有羞惡之心，才能嫉惡如仇，才肯努力去消除世間罪孽過惡。

孔子大聖人，胸襟本極沖和，但《論語》記載他惡人的表現特別。冉有不能救季氏僭禮，宰我對魯哀公說話的逢迎，子路說輕視讀書的話，樊遲請學稼圃，孔子對他們所表示的態度都含有羞惡的意味。子貢問他：「君子亦有所惡乎？」他回答說：「有，惡稱人之惡者，惡居下流而訕上者，惡勇而無禮者，惡果敢而窒者。」一口氣就數上一大串。

他嘗以「吾未見好仁者惡不仁者」爲歎。他最惡的是鄉愿（現在所謂僞君子），因爲這種人「固然媚於世，非之無舉，刺之無刺，居之忠信，行之似廉潔，衆皆悅之，自以爲是而不可與入堯舜之道。」他一度爲魯相，第一件要政就是誅少正卯，這個十足的鄉愿。

我特別推出孔子來說，因爲照我們的想像，孔子似不輕於惡人，而他竟惡得如此厲害，這最足證明凡道德情操深厚的人，對於過惡必有極深的厭惡。

世間許多人沒有對象可五體投地去欽佩，也沒有對象可深入骨髓地去厭惡，只一味周旋隨和，這種人表面上像是爐火純青，實在是不明是非，缺乏正義感。社會上這種愈多，惡人愈可橫行無忌，不平的事件也愈可蔓延無礙，社會的混濁也就愈不易澄清。

社會所藉以維持的是公平（西方所謂Justice），一般人如果沒有羞惡之心，任不公平的事件不受裁制，公平就無法存在。

過去社會的遊俠，和近代社會的革命者，都是迫於義憤，要「打抱不平」，雖非中行，究不失為狂狷，在社會腐濁的時候，仍是他們的用處。

個人須有羞惡之心，集團也是如此。田橫的五百義士不肯屈服於劉邦，全體從容赴義，歷史傳為佳話。

古人談兵，說明恥然後可以教戰，因為明恥然後知道「所惡有勝於死者」，不苟且偷生。我們民族這次英勇的抗戰是最好的例證，大家犧牲安適、家庭、財產，以至於生命，就因為不甘做奴隸的那一點羞惡之心。

大抵一個民族當承平的時候，羞惡之心表現於公是公非，人民都能受道德法律的裁制，使社會秩序井然，所謂「化行俗美」、「有恥且格」。到了混亂的時候，一般人廉恥道喪，全民族的羞惡之心只能藉少數優秀份子保存，於是才有「氣節」的風尚。

東漢大學生郭泰、李膺、陳蕃諸人處外戚宦官專權姿肆之際，獨特清義，一再遭鈎黨之禍而不稍屈服。明末魏閹執權亂國，士大夫多阿諛取容，其無恥之尤者至認閹作父，東林黨人獨使義直行，對閹黨聲罪致討，到粉身碎骨而不悔，這些黨人的行徑容或過於褊急，但在惡勢力橫行之際能不顧一切，挺身維持正義，對於民族精神所留的影響是不可磨滅的。

目前我們民族正遇著空前的大難，國恥一重一重地壓來，抗戰的英雄將士固可令人起敬，而此時賣國求榮、貪污誤國和醉生夢死者，還大有人在，原因正在羞惡之心的缺乏。我們應該記者「明恥教戰」的古訓，極力培養人皆有之的一點羞惡之心。我們須知道做奴隸可恥，自己睁著眼睛往奴隸的路上走更可恥。罪過如果在自己，應該懺悔；如果在旁人，也應深惡痛絕，設法加以裁制。

談冷靜

德國哲學家尼采把人類精神分為兩種，一是阿波羅的，一是達奧尼蘇司的。這兩個名稱起源於希臘神話。

阿波羅是日神，是光的來源，世間一切事物得著光才顯現形相。希臘人想像阿波羅憑臨奧林庇斯高峰，雍容肅穆，轉運他的奕奕生輝的巨眼，普照世間一切，妍醜悲歡，同供玩賞，風帆自動而此心不為之動，他永遠是一個冷靜的旁觀者。

達奧尼蘇司是酒神，是生命的來源，生命無常幻變，達奧尼蘇司要在生命幻變中忘卻生命幻變所生的痛苦，縱飲狂歡，爭取剎那間盡量的歡樂，時時隨著生命的狂瀾流轉，如醉如癡，從不停止一息來返觀自然或是玩味事物的形相，他永遠是生命劇場中一個熱烈的扮演者。

尼采以為人類精神原有這兩種分別，一靜一動，一冷一熱，一旁觀一表演。藝術是精神的表現，也有這兩種分別，例如圖畫雕刻等造形藝術是代表阿波羅精神的，音樂跳舞等非造形藝術是代表達奧尼蘇司精神的。

依尼采看，古代希臘人本最富於達奧尼蘇司精神，體驗生命的痛苦最深切，所以內心最悲苦，然而沒有走上絕望自殺的路，就好在有阿波羅精神來營救，使他們由表演者的地位跳到旁觀者的地位，由熱烈而冷靜，於是人生一切災禍罪孽便變成莊嚴燦爛的現象，產生了希臘人的最高藝術——悲劇。

尼采的這番話乍看來未免離奇，實在含有至理。近化心理學區分性格的話和它暗合的很多，我們在這裡不必繁引。尼采專就希臘藝術著眼，以為它的長處在以阿波羅精神化達奧尼蘇司精神。

希臘藝術的作風在後來被稱為「古典的」，和「浪漫的」相對立。所謂「古典的」，特點就在冷靜、有節制、含蓄，全體必須和諧完美；所謂「浪漫的」作風，特點就在熱烈、自由流露、盡量表現、想像豐富、情感深至，而全體形式則偶不免有瑕疵。

從此可知古典主義是偏於阿波羅精神的，浪漫主義是偏於達奧尼蘇司精神的。

「古典的」與「浪漫的」原只適用於文藝，後來常有人借用這兩個形容詞來談人的性格。說冷靜的、純正的、情理調和的人是「古典的」；熱烈的、好奇特的、偏重情感與幻想的人是「浪漫的」。

人稟賦不同，生來各有偏向，教育與環境也常容易使人習染於某一方面，但就大體來說，青年人的性格常偏於「浪漫的」，老年人的性格常偏於「古典的」，一個民族也往往如此。

這兩種性格各有特長，在理論上我們似難作左右互袒。不過我們可以說，無論在藝術或在為人方面，「浪漫的」都多少帶著些稚氣，而「古典的」則是成熟的境界。

如果讀者容許我說一點個人的經驗，我的青年期已過去了，現在走完中年的階段，我曾經熱烈地愛好過「浪漫的」文藝與性格，現在已開始逐漸發現「古典的」更可愛。我覺得一個人在任何方面想有真正偉大的成就，「古典的」、「阿波羅的」冷靜都絕不可少。

要明白冷靜，先要明白我們通常所以不能冷靜的原因。說淺一點，不能冷靜是任情感、逞意氣、易受慾望的衝動，處處顯得粗心浮氣；說深一點，不能冷靜是整個性格修養上的欠缺，心境不夠沖和豁達，頭腦不夠清醒，風度不夠鎮定安詳。

說到性格修養，困難在調和情與理。人是有生氣的動物，不能無情感；人爲萬物之靈，不能無理智。情熱而理冷，所以常相衝突。有一部分宗教家和哲學家見到任情縱慾的危險，主張抑情以存理，這未免是剝喪一部分人類天性，可以使人生了無生氣，不能算是健康的人生觀。

中外大哲人如孔子、柏拉圖諸人，都主張以理智節制情慾，使情慾得其正而能與智理相調和。不過這不是一件易事。孔子自道經驗說：「七十而從心所欲，不逾矩。」這才算是情理融和的境界，以孔子那樣聖哲，到七十歲才能做到，可見其難能可貴。大抵修養入手的工夫在多讀書明理，自己時時檢點自己，要使理智常清醒，不讓情感與慾望恣意孤行，久而久之，自然胸襟澄然，矜平躁釋，遇事都能保持冷靜的態度。

學問是理智的事，所以沒有冷靜的態度不能做學問。在做學問方面，冷靜的態度就是科學的態度。

科學（一切求眞理的活動都包含在內）的任務在根據事實推求原理，在紊亂中建立秩序，在繁複中尋求條理。要達到這種任務，科學必須尊重所有的事實，無論它是正面或反面的，不能挾絲毫成見去抹煞事實或歪曲事實。它根據人力所能發現的事實去推求結論，必須步步虛心謹愼，把所有的可能的解說都加以縝密考慮，仔細權衡得失，然後選定一個比較圓滿的解說，留待未來事實的參證。所以科學的態度必須冷靜，冷靜才能客觀、縝密、謹嚴。

常見學者立說，胸中先有一成見，把反面的事實抹煞，把相反的意見丟開，矜一曲之見爲偉大發明，旁人稍加批評，便以怒目相加，橫肆詆罵，批評者也以詆罵相報，此來彼去，如潑婦罵街，把原來的論點完全忘去。我們通常說這是動情感，憑意氣。一個愈易動情感，憑意氣，在學問上愈難有成就。一個有學問的人必定是「清明在躬，志氣如神」，換句話說，必定能冷靜。

一般人歡喜拿文藝和科學對比，以爲科學重理智而文藝重情感。其實文藝正因爲表現情感的緣故，需要理智的控制反比科學更甚。

英國詩人華滋華斯自道經驗說：「詩起於沈靜中所回味得來的情緒。」人人都能感受情緒，感受情緒而能靜中回味，才是文藝家的特殊的修養。感受是能入，回味是能出。能入是主觀的、熱烈的；回味是客觀的、冷靜的。前是尼采所謂達奧尼蘇司精神的表現，而後者則是阿波羅精神的表現。

許多人以為生糙情感便是文藝材料，怪自己沒有能力去表現，其實文藝須在這生糙情感之上加以冷靜、回味、思索、安排，才能豁然貫通，現出形式。語言與情思都必須經過洗刷鍊裁，才能恰到好處。許多人在高興采烈時完成一個作品，便自矜為絕作，過些時候自己再看一遍，就不免發現許多毛病。羅馬批評家浩越司勸人在完成作品之後，放下幾年才發表，也是有見於文藝創作與修改，需要冷靜，過於信任一時熱烈興頭，是最易誤事的。

我們在前面已經說過，成熟的「古典的」文藝作品特色就在冷靜。近代寫實派不滿意於浪漫派，原因也在主張文藝要冷靜。一個人多在文藝方面下工夫，常容易養成冷靜的態度。關於這一點，我在幾年前寫過一段自白，希望讀者容許我引來參證——

「我應該感謝文藝的地方很多，尤其它教我學會一種觀世法。一般人常以為只有科學的訓練才可以養成冷靜的客觀的頭腦。……我也學過科學，但是我的冷靜的客觀的頭腦不是從科學而是從文藝得來的。凡是不能持冷靜的客觀的態度的人，毛病都在『我』看得太大。他們從『我』這一副著色的望遠鏡裡看世界，一切事物於是都失去它們的本來面目。所謂冷靜的客觀的態度就是丟開這副望遠鏡，讓『我』跳到圈子以外，不當作世界裡有『我』而去看世界，還是把『我』與類似『我』的一切東西同樣看待。這是文藝的觀世法，也是我所學的觀世法。」

我引這段話，一方面說明文藝的活動是冷靜，一方面也趁便引發出做人也要冷靜的道理。我剛才提到丟開「我」去看世界，我們也應丟「我」去看「我」。「我」是一個最可寶貴也最難對付的東西。一個人不能無「我」，無「我」便是無主見、無人格。一個人也不能執「我」，執「我」便是持成見、逞意氣，做學問不易精進，做事業也不易成功。

佛家主張「無我相」，老子勸告孔子「去子之驕氣與多欲」，都是有見於「執我」的錯誤。「我」既不能無，又不能執，如何才可以調劑安排，恰到好處呢？這需要知識。我們必須徹底認清「我」，才會妥貼地處理「我」。

「知道你自己」，這句名言爲一般哲學家公認爲希臘人的最高智慧的結晶。世間事物最不容易知道的是你自己，因爲要知道你自己，你必須能丟開「我」去看「我」，而事實上有了「我」就不容易丟開「我」。許多人都時時爲我見所蒙蔽而不自知。人不易自知，猶如有眼不能自見，有力不能自舉，你本是一個凡人，你卻容易把自己看成英雄；你的某一個念頭、某一句話、某一種行爲本是錯誤的，因爲是你自己所想的、說的、做的，你的主觀成見總使你自信它是對的。

執迷不悟是人所常犯的過失。中國儒家要除去這個毛病，提倡「自省」的工夫。「自省」就是自己審問自己，丟開「我」去看「我」。一般人眼睛常是朝外看，自省就是把眼光轉向裡面看。一般能自省的人才能自知。自省所憑藉的是理智，是冷靜的客觀的科學的頭腦。能冷靜自省，品格上許多虧缺這才可以免除。

比如你發怒時，經過一番冷靜的自省，你的怒氣自然消釋；你起了一個不正當的慾念時，經過一番冷靜的自省，那個慾望也就冷淡下去；你和人因持異見爭執，盛氣相凌，你如果能冷靜地把所有的論證衡量一下，你自然會發見誰是誰非，如果你自己不對，你須自認錯誤，如果你自己對，你有理由可以說服人。

從這些例子看，「自省」含有「自制」的工夫在內。一個能自制的人才自強。能自制便有極大的意志力，有極大的意志力才能認定目標，看清事物條理，征服一切環境的困難，百折不撓以抵於成功。古今英雄豪傑有大過人的地方都在有堅強的意志力，而他們的堅強的意志力的表現往往在自制方面。哲學家如蘇格拉底，宗教家如耶穌、釋迦牟尼，政治家如諸葛亮、謝安、李泌，都是顯著的實例。

許多人動輒發火生氣，或放僻邪侈，橫無忌憚，或暴戾剛愎，恣意孤行。這種人看來像是強悍勇猛，實在最軟弱；他們做情感的奴隸，或是卑劣慾望的奴隸，自己尚且不能控制，怎能控制旁人或控制環境呢？

這種人大半缺乏冷靜，遇事魯莽決裂，終必至於僨事。如果軍國大政落在這種人的手裡，則國家民族變成野心或私慾的孤注，在一喜一怒之間輕輕被斷送。今日的德意志和日本不惜塗炭千百萬生靈，置全民族命脈於險境，實由於少數掌政權者缺乏冷靜的頭腦，聊逞一時的意氣與狂妄的野心，如懸崖縱馬，一放不可收拾。這是最好的殷鑑。

人類許多不必要的災禍罪孽都是這種人惹出來的。如果我們從這些事例上想一想，就可以見出一個人或一個民族在失去冷靜的理智的態度時所冒的危險。

一個理想的人須是有德、有學、有才。德與學需要冷靜，如上所述，才也不是例外。

才是處事的能力。一件事常有許多錯綜複雜的關係，頭腦不冷靜的人處之，便如置身五里霧中，覺得需要處理的是一團亂絲，處處是糾紛困難。他不是束手無策，就是考慮不周到，佈置不縝密，一個困難未解決，又橫生枝節，把事情弄得更糟。冷靜的人便能運用科學的眼光，把目前複雜情形全盤一看，看出其中關係條理與輕重要害，在種種可能的辦法之中選擇一個最合理的，於是一切糾紛困難便如庖丁解牛，迎刃而解。

治個人私事如此，治軍國大事也是如此。能冷靜的人必能謀定後動，動無不成。

一個冷靜的人常是立定腳跟，胸有成竹，所以臨難遇險，能好整以暇，雍容部署，不至張皇失措。我們中國人對於這種風格向來當作一種美德來欣賞讚歎。孔子在陳匡，視險若夷，漢高祖傷胸捫足，史傳都傳爲美談。後來《世說新語》所載的「雅量」事例尤多，現提舉數條來說明本文所說的冷靜：

桓公伏甲設饌，廣延朝士，因此欲誅謝安、王坦之。王甚遽，問謝曰：「當作何計？」謝神色不變，謂文度曰：「晉阼存亡在此一行。」相與俱前，王之恐狀轉見於色，謝之寬容愈表於貌，望階趨席，方作洛生詠，諷浩浩洪流。桓憚其曠遠，乃趣解兵。王謝舊齊名，於此始判優劣。

謝太傅盤桓東山，時與孫興公諸人汎海戲。風起浪湧，孫王諸人色並遽，便唱使還，太傅神情方王，吟嘯不言。舟人以公貌閒意悅，猶去不止，既風轉急浪猛，諸人皆喧動不坐。公徐云：「如此將無歸。」衆人即承響而回，於是審其量足以鎮定朝野。

王子猷子敬曾俱坐一室，上忽發火。子猷遽走避，不遑取屐，子敬神色恬然，徐喚左右扶憑而出，不異平常。世以此定二王神宇。

這些都是冷靜態度的最好實例。這種「雅量」所以難能可貴，因爲它是整個人格的表現，需要深厚的修養。有這種雅量的人才能擔當大事，因爲他豁達、清醒、沈著，不易受困難搖動，在危急中仍可想出辦法。

冷靜並不如莊子所說的「形如槁木，心如死灰」，而是像他所說的游魚從容自樂。禪家最好做冷靜的工夫，他們的勝境卻不在坐禪而在禪機。這「機」字最妙。宇宙間許多至理妙諦，寄寓於極平常微細的事物中，往往被粗心浮氣的人們忽略過，陳同甫所以有「恨芳菲世界，遊人未賞，都付與鶯和燕」的嗟嘆。冷靜的人才能靜，才能發現「萬物皆自得」。

孔子引詩經「鳶飛戾天，魚躍於淵」二句而加以評釋說：「其言上下察也。」這「察」字下得極好，能「察」便能處處發現、吸收生機，覺得人生有無窮樂趣。世間人的毛病只是習焉不察，所以生活枯躁，日流於卑鄙污濁。

「察」就是「靜觀」——美學家所說的「觀照」，它的唯一條件是冷靜超脫。哲學家和科學家所做的工夫在這「察」字上，詩人和藝術家所做的工夫也還在這「察」字上。尼采所說的日神阿波羅也是時常在「察」。人在冷靜時靜觀默察，處處觸機生悟，便是「地行僊」。有這種修養的人，才有極豐富的生機和極厚實的力量！

談學問

這是一個大題目，不易談；因爲許多人對它有很大的誤解，卻又不能不談。最大的誤解在把「學問和讀書」看成一件事。

弟子進學校不說是「求學」而說是「讀書」，學子向來叫做「讀書人」，粗通外國文者應該用「學習」（Learn）或「治學」（Study）等字時常用「閱讀」（Read）來代替。

這種傳統觀念的錯誤影響到我國整個教育的傾向。各級學校大半把教育縮爲知識傳授，而知識傳授的途徑就只有讀書，教員只是「教書人」。這種錯誤觀念如果不改正，教育和學問恐怕就沒有走上正軌的希望。如果我們稍加思索，它也應該不難改正。

學是學習，問是追問，世間可學習可追問的事理甚多，知識技能須學問，品格修養也還須學問；讀書人須學問，農工商兵也還須學問，各行有各行的「行經」。學問是任何人對於任何事理，由不知求知，由不能求能的一套工夫。它的範圍無限，人生一切活動、宇宙一切現象和眞理，莫不包含在內。

學問的方法甚多。人從墮地出世，沒有一天不在學問，有些學問是由倣效得來的，也有些學問是由嘗試、思索、體驗和涵養得來的。

讀書不過是學問的方法之一種，它當然很重要，卻並非唯一的。朱子教門徒，一再申說「讀書乃學者第二事」。有許多讀書人實在並非在做學問，也有許多實在做學問的人並不專靠讀書。製造文字——書的要素——是一種絕大學問，而首先製造文字的人就根本無書可讀。許多其它學問都可由此例推。

子路的「何必讀書然後爲學」一句話本身並不錯，孔子罵他，只是討厭他說這話的動機在辯護讓一個青年學子去做官，也並沒有說它本身錯。

一般人常埋怨現在青年對於學問沒有濃厚的興趣。就個人任教的經驗說，我也這樣的觀感。平心而論，這大半要歸咎我們「教書人」把學問看成「教書」「讀書」，這個錯誤的觀念如果不全是我們養成的，至少我們未曾設法糾正。而且我們自己又沒有好學問，給青年學子樹一個好榜樣，可以激勵他們的志氣，提起他們的興趣。此外，社會上一般人對於學問的性質和功用所存的誤解也不無關係。

近代西方學者常把純理的學問和應用的學問分開，以爲治應用的學問是有所爲而爲，治純理的學問是無所爲而爲。他們怕學問全落到應用一條窄路上，常設法替無所爲的學問辯證，說它雖「無用」，卻可滿足人類的求知慾。這種用心很可佩服，而措詞卻不甚正確。

學問起於生活的需要，世間絕沒有一種學問無用，不過「用」的意義，有廣狹之別。

學得一種學問，就可以有一種技能，拿它來應用於實際事業，如學得數學幾何三角就可以去算賬、測量、建築、製造機械，這是最正常的「用」字的狹義。學得一點知識技能，就混得一種資格，可以謀一個職業，解決飯碗問題，這是功利主義的「用」字的狹義。

但是學問的功用並不僅如此，我們甚至可以說，學問的最大功用並不在此。心理學者研究智力，有普通智力與特殊智力的分別；古人和今人品題人物，都有通才與專才的分別，學問的功用也可以說有「通」有「專」。治數學即應用於計算數量，這是學問的專用，治數學而變成一個思想縝密、性格和諧、善於立身處世的人，這是學問的通用。

學問在實際上確有這種通用，就智慧說，學問是訓練思想的工具。一個眞正有學問的人必定知識豐富，思想敏銳，洞達事理，處任何環境，知道把握綱要，分析條理，解決困難。就性格說，學問是道德修養的途徑。蘇格拉底說得好，「知識即德行」。世間許多罪惡都起於愚昧，如果眞正徹底明瞭一件事是好的，另一件事是壞的，一個人絕不會睜著眼睛向壞的方面走。

中國儒家講學問，素來全重立身行己的工夫，一個學者應該是一個聖賢，不僅如現在所謂「知識份子」。現在所謂「知識份子」的毛病在只看到學的狹義的「用」，尤其是功利主義的「用」，學問只是一種干祿的工具。

我曾聽到一位教授在編成一部講義之後，心滿意足說：「一生吃著不盡了！」我又曾聽到一位朋友勸告他的親戚，不讓剛在中學畢業的兒子去就小事說：「你這種辦法簡直是吃稻種！」許多升學的青年實在只為著要讓稻種發生成大量穀子，預備「吃著不盡」。所以大學裡「出路」最廣的學系如經濟系、機械系之類常是擁擠不堪，而哲學系、數學系、生物學系諸「冷門」，就簡直無人問津。

治學問根本不是為學問本身，而是為著它的出路銷場，在治學問時既是「醉翁之意不在酒」，得到出路銷場後當然更是「得魚忘筌」了。在這種情形之下的我們，如何能期望青年學生對於學問有濃厚的興趣呢？

這種於學問問功用的窄狹而錯誤的觀念必須及早糾正。生活對於有生之倫是唯一的要務，學問是為生路。這兩點本是天經地義。不過現代中國人的錯誤在把「生活」只看成口腹之養。「謀生活」與「謀衣食」在流行語中是同一意義，這實在錯誤得可憐可笑。

人有肉體，有心靈。肉體有它的生活，心靈也應有它的生活。肉體需要營養，心靈也不能「辟穀」，肉體缺乏營養，必釀成饑餓病死；心靈缺乏營養，自然也要乾枯腐化。人為萬物之靈，就在他有心靈或精神生活。

所以測量人的成就並不在他能否謀溫飽，而在他有無豐富的精神生活。一個人到了只顧衣食飽暖而對於眞善美漫不感覺興趣時，他就只能算是一種「行屍走肉」；一個民族到了只顧體膚需要而不珍視精神生活的價值時，他也就必定逐漸沒落了。

學問是精神的食糧，它使我們的精神生活更加豐富。肚皮裝得飽飽的，是一件樂事，心靈裝得飽飽的，是一件更大的樂事。

一個人在學問上如果有濃厚的興趣、精深的造詣，他會發現萬事萬物各有一個妙理在內，他會發現自己的心涵蘊萬象，澄明通達，時時有寄託，時時在生展，這種人的生活絕不會乾枯，他也絕不會做出卑污下賤的事。

《論語》記：「顏子在陋巷，一簞食，一瓢飲，人不堪其憂，回也不改其樂。」孔子讚他「賢」，並不僅因爲他能安貧，尤其因爲他能樂道，換句話說，他有極豐富的精神生活。宋儒教人體會顏子所樂何在，也恰抓著緊要處。我們現在的人不但不能了解這種體會的重要，而且把它看成道家的迂腐。這正是民族文化上的一個極嚴重的病象，必須趁早設法醫治。

中國語中「學」與「問」連在一起說，意義至爲深妙，比西文中相當的語詞如

Learning, Study, Science諸字都好得多。

人生來有向上心，有求知慾，對於不知道的事物歡喜發疑問。對於一種事物發生疑問，就是對於它感覺興趣。既有疑問，就想去解決它，幾經摸索，終於得到一個答案，於是不知道的變爲知道的，所謂「一旦豁然貫通」，這便是學有心得。

學原來離不開問，不會起疑問就不會有學。許多人對於一種學問不感覺興趣，原因就在那種學問對於他們不成問題，沒有什麼逼得他們要求知道。但是學問的好處正在原來有問題的可以變成沒有問題，原來沒有問題的也可以變成有問題。前者是未知變成已知，後者是發現貌似已知究竟仍爲未知。

比如說邏輯學，一個中學生學過一年半載，看過一部普通教科書，學得命題、推理、歸納、演繹之類都講得妥妥貼貼，了無疑義。可是他如果進一步在邏輯學上面一點研究工夫，便會發現他從前認爲都懂的幾乎沒有一件不成爲問題，沒有一件不曾經許多學者辯論過。他如果再更進一步去探討，他會自己發現許多有趣的問題，並且覺悟到他自己一輩子也不一定能把這些問題都解決得妥妥貼貼。邏輯學是一科比較不幼稚的學問，猶且如此，其它學問更可由此例推了。

一個人對於一種學問如果肯鑽進裡面去，必須使有問題的變爲沒有問題（這便是問），疑問無窮，發現無窮，興趣也就無窮。學問之難在此，學問之樂也就在此。一個人對於一種學問說是不感興趣，那只能證明他不用心，不努力下工夫，沒有鑽進裡面去。世間絕沒有自身無興趣的學問，人感覺不到興趣，只由於人的愚昧或懶惰。

學與問相連，所以學問不只是記憶而必是思想，不只是因襲而必是創造。凡是思想都是由已知推未知，創造都是舊材料的新綜合，所以思想究竟須從記憶出發，創造究竟須因襲出發。由記憶生思想，由因襲生創造，猶如吸收食物加以消化之後變爲生命的動力。食而不化固然是無用，不食而求化也還是求無中生有。向來論學問的話沒有比孔子的「學而不思則罔，思而不學則殆」兩句更爲精深透闢。

學原有「效」義，研究兒童心理學者都知道學習大半基於因襲或模仿。這裡所謂「學」是偏重吸收前人已有的知識和經驗，思是自己運用腦筋，一方面求所學得的能融會貫通，井然有條，一方面由疑難啓發新知識與新經驗。

一般學子有兩種通弊：一種是聰明人所常犯著的，他們過於相信自己的思考力而忽略前人的成就。其實每種學問都有長久的歷史，其中每一個問題都曾經許多人思慮過，討論過，提出過種種不同的解答。你必須明白這些經過，才可以利用前人的收獲，免得繞彎子甚至於走錯路。

比如說生物學上的遺傳問題，從前拉馬克、達爾文、瓦依斯曼、曼德爾諸大家已經做過許多實驗，得到許多觀察，用過許多思考。假如你對於他們的工作茫無所知或是一筆抹煞，只憑你自己的聰明才力來解決亦遺傳問題，這豈不是狂妄？世間這種「思而不學」的人正甚多，他們不知道這種憑空構造的「殆」。

另外一種通弊是資質較鈍而肯用功的人所常犯的。他們一味讀死書，古人所說的無論正確不正確，都不分皀白地接受過來，吟詠讚歎，自己毫不用思考求融會貫通，更沒有一點冒險的精神，自己去求新發現，這是學而不思，孔子對於這種辦法所下的評論是「罔」，意思就是無用。

學問全是自家的事。環境好、圖書設備充足、有良師益友指導啓發，當然有很大的幫助。但是這些條件具備不一定能保障一個人在學問有成就，世間也有些在學問上有成就的人並不具備這些條件。

最重要的因素是個人自己的努力。學問是一件艱苦的事，許多人不能忍耐它所必經的艱苦。努力之外，第二個重要的因素是認清方向與門徑。入手如果走錯了路，愈努力則入迷愈深，離題愈遠。比如學寫字、詩文或圖書，一走上庸俗惡劣的路，後來如果想把它丟開，比收覆水還更困難。習慣的力量比什麼都較沈重。世間有許多人像在努力做學問，只是陷入「野狐禪」，高自期許而實荒謬絕倫，這個毛病只有良師益友可以挽救。

學校教育，在我想，只有兩個重要的功用：第一是啓發興趣，其次就是指點門徑。現在一般學校不在這兩方面努力，只盡量灌輸死板的知識。這種教育對於學問不僅無裨益，而且是障礙！

談讀書

十幾年前曾經寫過一篇短文談讀書，這問題實在是談不盡，而且這些年來我的見解也幾度變遷，現在就這問題再談一回，趁便把上次談學問有未盡的話，略加補充。

學問不只是讀書，而讀書究竟是學問的一個重要途徑。因爲學問不僅是個人的事，而是全人類的事，每科學問到了現在的階段，是全人類分途努力、日積月累所得到的成就，而這成就還沒有淹沒，全靠書籍記載流傳下來。

書籍是過去人類精神遺產的寶庫，也可以說是人類文化學術前進軌跡上的一個記程碑。

我們就現階段的文化學術求前進，必根據過去人類已得的成就做出發點，如果抹煞過去人類已得的成就，我們說不定要把出發點移回到幾百年甚至幾千年前，縱然能前進，也還是開倒車落伍。

讀書是要清算過去人類成就的總賬，把幾千年的人類思想經驗，在短促的幾十年內重溫一遍，把過去無數億萬人辛苦獲來的知識教訓集中到讀者一個人身上去受用。有了這種準備，一個人才能在學問途程上作萬里長征，去發現新的世界。

歷史愈前進，人類的精神遺產愈豐富，書籍愈浩繁，而讀書也就愈不易。書籍固然可貴，卻也是一種累贅，可以變成研究學問的障礙。它至少有兩大流弊：

第一、書多易使讀者不專精　我國古代學者因書籍難得，皓首窮年才能治一經，書雖讀得少，讀一部卻就是一部，口誦心惟，咀嚼得爛熟，透入身心，變成一種精神的原動力，一生受用不盡。現在書籍易得，一個青年學者就可誇口曾過目萬卷，「過目」的雖多，「留心」的卻少，譬如飲食，不消化的東西積得愈多，愈易釀成腸胃病，許多浮淺虛驕的習氣都由耳食膚受所養成。

第二、書多易使讀者迷了方向　任何一種學問的書籍現在都可裝滿一圖書館，其中真正絕對不可不讀的基本著作往往不過數十部甚至於數部。許多初學者貪多而好得，在無足輕重的書籍上浪費時間與精力，就不免把基本要籍耽擱了。比如學哲學者儘管讀過好幾種的哲學史和哲學概論，卻沒有看過一種柏拉圖的《對話集》，學經濟學者儘管讀過無數種的教科書，卻沒有看過亞當斯密的《原富》。做學問如作戰，須攻堅挫銳，佔住要塞。目標太多了，淹埋了堅銳所在，只東打一拳，西踏一腳，就成了「消耗戰」。

讀書並不在多，最重要的在選得精，讀得徹底。與其讀十部無關輕重的書，不如以讀十部書的時間和精力去讀一部眞正値得讀的書；與其十部書都只能汎覽一遍，不如取一部書精讀十遍。

「好書不厭百回讀，熟讀深思子自知」，這兩句詩値得每個讀書人懸為座右銘。讀書原為自己受用，多讀不能算是榮譽，少讀也不能算是羞恥。少讀如果徹底，必能養成深思熟慮的習慣，涵泳優游，以至於變化氣質；多讀而不求甚解，則如馳騁十里洋場，雖珍奇滿目，徒惹得心花意亂，空手而歸。

世間許多人讀書只為裝點門面，如暴發戶衒耀家私，以多為貴。這在治學方面是自欺欺人，在做人方面是趣味低劣。

讀的書當分種類，一種是爲獲得現世界公民所必需的常識，一種是爲做專門學問。爲獲常識起見，目前一般中學和大學初年級的課程，如果認眞學習，也就很夠用了。所謂認眞學習，熟讀講義課本並不濟事，每科必須精選要籍三、五種來仔細玩索一番。常識課程總共不過十數種，每種選讀要籍三、五種，總計應讀的書也不過五十部左右。這不能算是過奢的要求。一讀書人所讀過的書大半不只此數，他們不能得實益，是因爲他們沒有選擇，而閱讀時又只潦草滑過。

常識不但是現世界公民所必需，就是專門學者也不能缺少它。近代科學分野嚴密，治一科學問者多固步自封，以專門爲藉口，對其他相關學問毫不過問。這對分工研究或許是必要，而對淹通深造卻是犧牲。宇宙本爲有機體，其中事理彼此息息相關，牽其一即動其餘，所以研究事理的種種學問在表面雖可分別，在實際上卻不能割開。

世間絕沒有一科孤立絕緣的學問。比如政治學須牽涉到歷史、經濟、法律、哲學、心理學以至於外交、軍事等等，如果一個人對於這些相關學問未曾問津，入手就要專門習政治學，愈前進必愈感困難，如老鼠鑽牛角，愈鑽愈窄，尋不著出路。其他學問也大抵如此，不能通就不能專，不能博就不能約。

先博學而後守約，這是治任何學問所必守的程序。我們只看學術史，凡是在某一科學問上有大成就的人，都必定於許多其它科學問有深廣的基礎。

目前我國一般青年學子動輒喜言專門，以至於許多專門學者對於極基本的學科毫無常識。這種風氣也許是在國外大學做博士論文的先生們所釀成的。它影響到我們的大學課程，許多學系所設的科目「專」到不近情理，在外國大學研究院裡也不一定有。這好像逼吃奶的小孩去嚼肉骨，豈不是誤人子弟？

有些人讀書，全憑自己的興趣。今天遇到一部有趣的書就把預擬做的事丟開，用全副精力去讀它；明天遇到另一部有趣的書，仍是如此辦，雖然這兩書在性質上毫不相關。一年之中可以時而習天文，時而研究蜜蜂，時而讀莎士比亞。在旁人認爲重要而自己不感興味的書都一概置之不理。這種讀法有如打游擊，亦如蜜蜂採蜜。它的好處在使讀書成爲樂事，對於一時興到的著作可以深入，久而久之，可以養成一種不平凡的思路與胸襟。它的壞處在使讀書泛濫而無所歸宿，缺乏專門研究所必需的「經院式」的系統訓練，產生畸形的發展，對於某一方面知識過於重視，對於另一方面知識可以很蒙昧。

我的朋友中有專門讀冷僻書籍，對於正經正史從未過問的，他在文學上雖有造就，但不能算是專門學者。如果一個人有時間與精力允許他過享樂主義的生活，不把讀書當做工作而只當做消遣，這種蜜蜂採蜜式的讀書法原亦未嘗不可採用。但是一個人如果抱有成就一種學問的志願，他就不能不有預定計畫與系統。對於他，讀書不僅是追求興趣，尤其是一種訓練，一種準備。有些有趣的書他須得犧牲，也有些初看很枯燥的書他必須咬緊牙關去硬啃，啃久了他自然還可以啃出滋味出來。

讀書必須有一個中心去維持興趣，或是科目，或是問題。以科目爲中心時，就要精選那一科要籍，一部一部的從頭讀到尾，以求對於該科得到一個賅括的了解，進一步作高深研究的準備。讀文學作品以作家爲中心，讀史學作品以時代爲中心，也屬於這一類。

以問題爲中心時，心中先須有一個待研究的問題，然後採關於這問題的書籍去讀，用意在搜集材料和諸家對於這問題的意見，以供自己權衡去取，推求結論。重要的書仍須全看，其餘的這裡看一章，那裡看一節，得到所要搜集的材料就可以丟手。這是一般研究工作者所常用的方法，對於初學者不相宜。

不過初學者以科目爲中心時，仍可約略採取以問題爲中心的微意。一書做幾遍看，每一遍只著重某一方面。蘇東坡與王郎書曾談到這個方法：「少年爲學者，每一書皆作數次讀之。當如入海百貨皆有，人之精力不能並收盡取，但得其所欲求者耳。故願學者每一次作一意之意求之，如欲求古今興亡治亂聖賢作用，且只作此意求之，勿生餘念；又別作一次求事　文物之類，亦如之。他皆倣此。若學成，八面受敵，與慕涉獵者不可同日而語。」

朱子嘗勸他的門人採用這個方法，它是精讀的一個要訣，可以養成仔細分析的習慣。舉看小說爲例，第一次但求故事結構，第二次但注意人物描寫，第三次但求人物與故事的穿插，以至於對話、辭藻、社會背景、人生態度等等都可以如此逐次研求。

讀書要有中心，有中心才易有系統組織。比如看史書，假定注意的中心是教育與政治的關係，則全書中所有關於這問題的史實都被這中心聯繫起來，自成一個系統。以後讀其它書籍如經子專集之類，自然也常遇著關於政教關係的事實與理論，它們也自然歸到從前看史書時所形成的那個系統了。

一個人心裡可以同時有許多系統中心，如一部字典有許多「部首」，每得一條新知識，就會依物以類聚的原則，匯歸到它的性質相近的系統裡去，就如拈新字貼進字典裡去，是人旁的字都歸到人部，是水旁的字都歸到水部。

大凡零星片段的知識，不但易忘，而且無用。每次所得的知識必須與舊有的知識聯絡貫串，這就是說，必須圍繞一個中心歸聚到一個系統裡去，才會生根，才會開花結果。

記憶力有它的限度，要把讀過的書所形成的知識系統，原本枝葉都放在腦裡儲藏起，在事實上往往不可能。如果不能儲藏，過目即忘，則讀亦等於不讀。

我們必須於腦以外另闢儲藏室，把腦所儲藏不盡的都移到那裡去。這種儲藏室在從前是筆記，在現代是卡片。記筆記和做卡片有如植物學家採集標本，須分門別類訂成目錄，採得一件就歸入某一門某一類，時間過久了，採集的東西雖極多，卻各有班位，條理井然。

這是一個極合乎科學的辦法，它不但可以節省腦力，儲藏有用的材料，供將來的需要，還可以增強思想的條理化與系統化。預備做研究工作的人對於記筆記做卡片的訓練，宜於早下工夫。

談英雄崇拜

關於英雄崇拜有兩種相反的看法，依一種看法，英雄造時勢，人類文化各方面的發端與進展都靠著少數偉大人物去倡導推動，多數人只在隨從附和。一個民族有無偉大成就，要看他有無偉大人物，也要看他中間多數民衆對於偉大人物能否傾倒敬慕，聞風興起。

卡萊爾在他的名著《英雄崇拜》裡大致持這種看法。他說：「人類在這世界上所成就是對於偉大人物的極高度的愛慕。在人類胸中沒有一種情操比這對於高於自己者的愛慕更爲高貴。」尼采的超人主義其實也是一種英雄崇拜主義塗上了一層哲學的色彩。

但依另一種看法，時勢造英雄，歷史的原動力是多數民衆，民衆的努力造成每時代政教文化各方面的「大勢所趨」，而所謂英雄不過順承這「大勢所趨」而加以尖銳化，並沒有什麼神奇。這是托爾斯泰在《戰爭與和平》裡所提出的主張。他說：「英雄只是貼在歷史上的標籤，他們的姓名只是歷史事件的款識。」有些人根據這個主張而推論到英雄不必受崇拜。

從史實看，自從古雅典城邦時代的群衆領袖（Demagogue）一直到現代極權國家的獨裁者，有不少的事例可證明盲目的英雄崇拜往往釀成極大的災禍。有些人根據這些事例而推論到英雄崇拜的危險，此外也還有些人以爲崇拜英雄勢必流於發展奴性，阻礙獨立自由的企圖，造成政治上的獨裁與學術思想上的正統專制，與德謨克拉西精神根本不相容。

就大體說，反對英雄崇拜的理論在現代似頗佔優勝，因爲它很合一批不很英雄的人們的口胃，不過在事實上，英雄崇拜到現在還很普遍而且深固，無論帶那一種色彩的人心中都免不掉有幾分。托爾斯泰不很看重英雄，而他自己卻被許多人當作英雄去崇拜。這是一個很有趣而也很有意義的人生諷刺。

社會靠著傳統和反抗兩種相反的勢力演進。無論你站在那一方壁壘，雙方都各有它的理想的鬥士，它的英雄，維護傳統者如此，反抗者也是如此。從有人類社會到現在，每時代每社會都有它的英雄，而英雄也都被人崇拜，這是鐵一般的事實，沒有人否認的。我們在這裡用不著替一個與歷史俱久的事實辯護，我們只須研究它的涵義和在人生社會上的可能的功用。

什麼叫做「英雄」。牛津字典所給Hero的字義大要有四：第一是「具有超人的本領，爲神靈所默知者」；其次是「聲名顯赫的戰士，曾爲國爭戰者」；第三是「其成就及高貴性格爲人所景仰者」；最後是「詩和戲劇中的主角」。這四個意義顯然是互相關聯的。

凡是英雄必定是非常人，得天獨厚，能人之所難能，在艱危時代能爲國家殺敵禦侮，在承平時代他的事業和品學也能爲民族的楷模，在任何重大事件中，他必是倡導推動者，如戲劇中的主角。他的名稱有時不很一致，「聖賢」、「豪傑」、「至人」，所指的都大致相同。

一談到英雄，大概沒有人不明瞭他是怎樣一種人，可是追問到究竟那一個人才算是英雄，意見卻很難一致。小孩子們看慣俠義小說，心目中的英雄是峨嵋山修鍊得道的拳師劍俠；江湖幫客知道的英雄是《水滸傳》裡所形容的梁山泊一群好漢和他們幫裡的「柁把子」；讀書人言必稱周孔，弄武藝的人拜關羽、岳飛。

古代和近代，中國和西方，所持的英雄標準也不完全一致。仔細研究起來，每種社會，每種階級，甚至於每個人都各有各的英雄。所以這個意義似很明顯的，名稱所指的究為何種人實在很難確定。

這也並不足為奇。英雄本是一種理想人物，一群人或一個人所崇拜的英雄其實就是他們的或他的人生理想的結晶。人生理想如忠孝節義智仁勇之類都是抽象概念，頗難捉摸，而人類心理習性常傾向於依附可捉摸的具體事例。

英雄就是抽象的人生理想所實現的具體事例，他是一幅天然圖畫，大家都可以指著他向自己說：「像那樣的人才是我們所應羨慕而倣效的！」說到英勇，一般人印象也許很模糊，但是一般人都知道崇拜秦皇漢武，或是亞歷山大和拿破崙。人人僅管知道忠義為美德，但是要一般人為忠義所感動，千言萬語也抵不上岳飛或文天祥的敘傳。

每個人，每個社會，都有他的特殊的人生理想；很顯然的，也就有他的特殊英雄。哲學家的英雄是孔子和蘇格拉底，宗教家的英雄是釋迦和耶穌，侵略者的英雄是拿破崙，而資本家的英雄則是煤油大王和鋼鐵大王。行行出狀元，就是行行有英雄存在。

人們所崇拜的英雄儘管不同，而崇拜的心理則無二致。這心理分析起來也很複雜。每個英雄必有確足令人欽佩之點，經得起理智衡量，不僅能引起盲目的崇拜。但是「崇拜」是宗教上的術語，既云崇拜，就不免帶有幾分宗教的迷信，就不免有幾分盲目。英雄儘管有不足崇拜處，可是我們既然崇拜他，就只看得他的長處，看不見他的短處。

「愛而知其惡」就不是崇拜，崇拜是無限制的敬慕，有時甚至失去理性。西諺說：「沒有人是他的僕從的英雄。」因爲親信的僕從對主人看得很清楚。古代帝王要「深居簡出」，實有一套祕訣在裡面。

在崇拜的心理中，情感的成分遠過於理智的成分。英雄崇拜的缺點在此，因爲它免不掉幾分盲目的迷信；但是優點也正在此，因爲它是敬賢向上的表現。

敬賢向上是人類心靈中最可寶貴的一點光焰，個人能上進，社會能改良，文化能進展，都全靠有它在燭照。英雄常在我們心中煽燃這一點光焰，常提醒我們人性尊嚴的意識，將我們提昇到高貴境界。

崇拜英雄就是崇拜他所特有的道德價值。世間只有幾種人不能崇拜英雄：一是愚昧者，根本不能辨別好壞；一是驕矜妒忌者，自私的野心蒙蔽了一切，不願看旁人比自己高一層；一是所謂「犬儒」（Cynics），輕世玩物，視一切無足道；最後就是喪盡天良者，毫無人性，自然也就沒有人性中最高貴的虔敬心。

這幾種人之外，任何人都多少可以崇拜英雄，一個人能崇拜英雄，他多少還有上進的希望，因爲他還有道德方面的價值意識。

崇拜英雄的情操是道德的，同時也是超道德的。所謂「超道德的」，就是美感的。太史公在《孔子世家》禮讚說：「高山仰止，景行行止，雖不能至，然心焉嚮往之。」這句話寫英雄崇拜的情緒最爲精當。

對著偉大人物，有如對著高山大海，使人起美學家所說的「崇高雄偉之感」（Sense the Sublime）。依美學家的分析，起崇高雄偉感覺時，我們突然間發對象無限偉大，無形中自覺此身渺小，不免肅然起敬，慄然生畏，驚奇讚歎，有如發呆；但驚心動魄之餘，就繼以心領神會，物我同一而生命起交流。我們於不知不覺中吸收融會那一種偉大的氣魄，而自己也振作奮發起來，彷彿在模仿它，努力提昇到同樣偉大的境界。

對高山大海如此，對暴風雨如此，對偉大英雄也如此。崇拜英雄是好善也是審美。在人生勝境，善與美常合而為一，此其一例。

這種所描寫的自然只是極境，在實際上崇拜有深有淺，不一定都達到這種極境。但無論深淺，它的影響都大體是好的。

社會的形成與維繫都不外藉宗教、政治、教育、學術幾種「文化」的勢力。宗教起於英雄崇拜，卡萊爾已經詳論過。世界中最信奉宗教的民族要算希伯來人，讀《舊約》的人們大概都明瞭希伯來也是一個最崇拜英雄的民族。

政治的靈魂在秩序組織，而秩序組織的建立與維持必賴有領袖。一個政治團體裡有領袖能號召，能得人心悅誠服，政治沒有不修明的。極權國家固然需要獨裁者，民主國家仍然需要獨裁者，無論你給他一個什麼名義。

至於教育學術也都需要有人開風氣之先。假想沒有孔墨老莊幾個哲人，中國學術思想還留在怎樣一個地位？沒有柏拉圖、亞理斯多德、笛卡兒、康德幾個哲人，西方學術思想還留在怎樣一個地位？此類問題是頗耐人尋思的。

俗話有一句說得有趣：「山中無老虎，猴子稱霸王。」阮步兵登廣武曾發「時無英雄，遂令豎子成名」之歌。一個國家民族到了「猴子稱霸王」或是「豎子成名」的時候，他的文化水準也就可想而知了。

學習就是模仿。人是最善於學習的動物，因爲他是最善於模仿的動物。模仿必有模型，模型的美醜注定模仿品的好醜，所謂「種瓜得瓜，種豆得豆」英雄（或是叫他「聖賢」「豪傑」）是學做人的好模型。

所以從教育觀點看，我們主張維持一般人所認爲過時的英雄崇拜。尤其在青年時代，意象的力量大於概念，與其向他們說仁義道德，不如指點幾個有血有肉的具有仁義道德的人給他們看。

教育重人格感化，必須是一個具體的人格才眞正有感化力。我們民族中從古至今，做人的好模型委實不少，可惜長篇傳記不發達，許多偉大人物都埋在斷簡殘篇裡面，不能以全副面目活現於青年讀者眼前。這個缺陷希望將來有史家去彌補。

談交友

人生的快樂有一半大半須得建築在人與人的關係上面。只要人與人的關係調處得好，生活沒有不快樂的。許多人感覺生活苦惱，原因大半在沒有把人與人關係調處適宜。這人與人的關係在我國向稱爲「人倫」。

在人倫中先儒指出五個最重要的，就是君臣、父子、夫婦、兄弟、朋友，這五倫之中，父子、夫婦、兄弟起於家庭，君臣和朋友起於國家社會。先儒談倫理修養，大半在五倫上做工夫，以爲五倫上面如果無虧缺，個人修養固然到了極境，家庭和國家社會也就自然穩固了。

五倫之中，朋友一倫的地位很特別，它不像其他四倫都有法律的基礎，它起於自由的結合，沒有法律的力量維繫它或是限定它，它的唯一的基礎是友愛與信義。

但是它的重要性並不因此減少。

如果我們把人與人中間的好感稱爲友誼，則無論是君臣、父子、夫婦或是兄弟之中，都絕對不能沒有友誼。就字源說，在中西文裡「友」字都含有「愛」的意義。無愛不成友，無愛也不成君臣、父子、夫婦或兄弟。換句話說，無論那一倫，都非有朋友的要素不可，朋友是一切人倫的基礎。懂得處友，就懂得處人；懂得處人，就懂得做人。一個人在處友方面如果有虧缺，他的生活不但不能是快樂的，而且也絕不能是善的。

誰都知道，有眞正的好朋友是人生一件樂事。人是社會的動物，生來就有同情心，生來也就需要同情心。讀一篇好詩文，看一片好風景，沒有一個人在身旁可以告訴他說：「這眞好呀！」心裡就覺得美中有不足。遇到一件大喜事，沒有人和你同喜，你的歡喜就要減少七、八分；遇到一件大災難，沒有人和你同悲，你的悲痛就增加七、八分。孤零零的一個人不能唱歌，不能說笑話，不能打球，不能跳舞，不能鬧架拌嘴，總之什麼開心的事也不能做。

世界最酷毒的刑罰要算幽禁和充軍，逼得你和你所常接近的人們分開，讓你嘗無親無友那種孤寂的風味。人必須接近人，你如果不信，請你閉關獨居十天半個月，再走到十字街頭在人叢中擠一擠，你心裡會感到說不出來的快慰，彷彿過了一次大癮，雖然街上那些行人在平時沒有一個讓你瞧得上眼。

人是一種怪物，自己是一個人，卻要顯得瞧不起人，要孤高自賞，要閉門謝客，要把心裡所想的看成神妙不可言說，「不可與俗人道」，其實潛意識裡面惟恐人不注意自己，不知道自己，不讚賞自己。

世間最歡喜守祕密的人往往也是最不能守祕密的人。他們對你說：「我告訴你，你卻不要告訴人。」他不能不告訴你，卻忘記你也不能不告訴人，這所謂「不能」實在出於天性中一種極大的壓迫力。人需要朋友，如同人需要洩露祕密，都由於天性中的一種壓迫力在驅遣。它是一種精神上的饑渴，不滿足就可以威脅到生命的健全。

誰也都知道，朋友對於性格形成的影響非常重大。一個人的好壞，朋友薰染的力量要居大半。既看重一個人把他當作眞心朋友，他就變成一個受崇拜的英雄，他的一言一笑、一舉一動都在有意無意之間變成自己的模範，他的性格就逐漸有幾分變成自己的性格。同時，他也變成自己的裁判者，自己的一言一笑，一舉一動，都要顧到他的贊許或非難。

一個人可以蔑視一切人的毀譽，卻不能不求見諒於知己。每個人身旁有一個「圈子」，這圈子就是他所常親近的人圍成的，他跳來跳去，跳不出這圈子，在某一種圈子就成為某一種人。聖賢有道，盜亦有道。隔著圈子相視，堯可非桀，桀亦可非堯。究竟誰是誰非，責任往往不在個人而在他所在的圈子。

古人說：「與善人交，如入芝蘭之室，久而不聞其香；與惡人交，如入鮑魚之市，久而不聞其臭。」久聞之後，香可以變成尋常，臭也可以變成尋常，習而安之，就不覺其為香為臭。一個人應該謹慎擇友，擇他所在的圈子，道理就在此。

人是善於模仿的，模仿品的好壞全看模型好壞。有如素絲，染於青則青，染於黃則黃。「告訴我誰是你的朋友，我就知道你是怎樣的一個人。」這句諺語確是經驗之談。

《學記》論教育，一則曰：「三年視論學取友。」再則曰：「相觀而善之謂摩。」從孔孟以來，中國士林向奉尊師敬友為立身治學的要道，這都是深有見於朋友的影響重大。師弟一向不列於五倫，實包括於朋友一倫裡面，師與友是不能分開的。

許叔重說文解字謂「同志爲友」。就大體說，交友的原則是「同聲相應，同氣相求。」但是絕對相同在理論與事實都是不可能。「人心不同，各如其面。」這不同亦正有它的作用。朋友的樂趣在相同中容易見出；朋友的益處卻往往在相異處才能得到。

古人常拿「如切如磋，如琢如磨」來譬喻朋友的交互影響，這譬喻實在是很恰當。玉石有瑕疵稜角，用一種器具來切磋琢磨它，它才能圓融光潤，才能「成器」。人的性格也難免有瑕疵稜角，如私心、成見、驕矜、暴躁、愚昧、頑惡之類，要多受切磋琢磨，才能洗刷淨盡，達到玉潤珠圓的境界。

朋友便是切磋琢磨的利器，與自己愈不同，磨擦愈多，切磋琢磨的影響也就愈大。這影響在學問思想方面最容易見出。一個人多和異己的朋友討論，會逐漸發現自己的學說不圓滿處，對方的學說有可取處，逼得不得不作進一層的思考，這樣他對於學問才能逐漸鞭辟入裡。

在朋友互相切磋中，一方面被「磨」，一方面也在受滋養。一個人被「磨」的方面愈多，吸收外來的滋養也就愈豐富。孔子論益友，所以特重直諒多聞。一個不能有諍友的人永遠是愚而好自用，在道德學問上都不會有很大的成就。

好朋友在我國語文裡向來叫做「知心」或「知己」。「知交」也是一個習用的名詞。

這個語言的習慣頗含有深長的意味。從心理觀點看，求見知於人是一種社會本能，有這本能，人與人才可以免除隔閡，打成一片，社會才能成立。它是社會生命所藉以維持的，猶如食色本能是個人與種族生命所藉以維持的，所以它與食色本能同樣強。古人常以一死報知己，鍾子期死後，伯牙不復鼓琴，這種行爲在一般人看似近於過激，其實是由於極強烈的社會本能在驅遣。

其次，從倫理哲學觀點看，知人是處人的基礎，而知人卻極不易，因爲深刻的了解必基於深刻的同情。深刻的同情只在眞摯的朋友中才常發現。對於一個人有深交，你才能眞正知道。了解與同情是互爲因果的。你對於一個人愈同情，就愈能了解他；你愈了解他，也就愈同情他。

法國人有一句成語說：「了解一切，就是寬容一切。」（tout comprendre, c'est tout pardonner）。這句話說來像很容易，卻是人生的最高智慧，需要極偉大的胸襟才能做到。

古今有這種胸襟的只有幾個大宗教家，像釋迦牟尼和耶穌。有這種胸襟才能談到大慈大悲，沒有它，任何宗教都沒有靈魂。修養這種胸襟的捷徑是多與人做眞正的好朋友，多與人推心置腹，從對於一部分人得到深刻的了解，做到對於一般人類起深厚的同情。

從這方面看，交友的範圍宜稍廣泛，各種人都有最好，不必限於自己同行同趣味的。蒙田在他的論文裡提出一個很奇怪的主張，以爲一個人只能有一個眞正的朋友，我對這主張很懷疑。

交友是一件尋常事，人人都有朋友；交友卻也不是一件易事，很少人有眞正的朋友。勢利之交固容易破裂，就是道義之交也有時不免鬧意氣之爭。

王安石與司馬光、蘇軾、程顥諸人在政治和學術上的侵軋是好例。他們個個都是好人，彼此互有相當的友誼，而結果和世俗人一般的翻雲覆雨。交友之難，從此可見。

從前人談交友的話說得很多，如「朋友有信」、「久而敬之」、「君子之交淡如水」。視朋友須如自己，要急難相助，須知護友之短，像孔子不假蓋於慳吝的朋友；要勸善規過，但「不可則止，無自辱焉」。這些話都是說起來頗容易，做起來頗難，許多人都懂得這些道理，但是很少人眞正會和人做朋友。

孔子常勸人「無友不如己者」，這話使我很徬徨不安。你不如我，我不和你做朋友，要我和你做朋友，就要你勝我，這樣我才能得益。但是這算盤我會打你也就會打，如果你也這麼說，你我之間不就沒有做朋友的可能嗎？

柏拉圖寫過一篇談友誼的對話，另有一番奇妙議論。依他看，善人無須有朋友，惡人不能有朋友，善惡混雜的人才或許需要善人爲友來消他的惡，惡去了，友的需要也就隨之消滅。這話顯然與孔子的話有些牴牾。誰是誰非，我至今不能斷定，但是我因此想到朋友之中，人我的比較是一個重要問題，而這問題又與善惡問題密切相關。

我從前研究美學上的欣賞與創造問題，得到一個和常識不相同的結論，就是欣賞與創造根本難分。每人所欣賞的世界就是每人所創造的世界，就是他自己的情趣和性格的返照；你在世界中能「取」多少，就看你在你的性靈中能提出多少「與」它，物與我之中有一種生命的交流，深人所見於物者深，淺人所見於物者淺。

現在我思索這比較實際的交友問題，覺得它與欣賞藝術自然的道理頗可暗合默契。你自己是怎樣的人，就會得到怎樣的朋友。人類心靈常交感迴流。你拿一分眞心待人，人也就會拿一分眞心待你，你所「取」如何，就看你所「與」如何。「愛人者人恆愛之，敬人者人恆敬之。」人不愛你敬你，就顯得你自己有虧缺。你不必責人，先須反求諸己。不但在情感方面如此，在性格各方面也都是如此。

「友必同心」，所謂「同心」是指性靈同在一個水準上。如果你我在性靈上有高低，我高就須感化你，把你提到同樣水準；你高也是如此，否則友誼就難成立。朋友往往是測量自己的一種最精確的尺度。你自己如果不是一個好朋友，就絕不能希望得到一個好朋友。要是好朋友，自己須是一個好人。

我相信柏拉圖的「惡人不能有朋友」那一句話。惡人可以做好朋友時，他在他方面儘管是壞，在能爲好朋友一點上就可證明他還有人性，還不是一個絕對的惡人。說來說去，「同聲相應，同氣相求」那句老話還是對的，所以交朋友的道理在此，如何交友的方法也在此。

交友和一般行爲一樣，我們應該牢記在心的是「責己宜嚴，責人宜寬」。

談性愛問題

這問題的重要性是無可否認的。聖人說得好：「飲食男女，人之大欲存焉。」許多人的活動和企圖，仔細分析起來，多少都與這兩種基本的生活要求有直接或間接的關係。整個的人類文化動態也大半圍著這兩個軸心旋轉。

單提男女關係來說，沒有它，世間就要少去許多糾紛，文藝就要少去一重要的母題，社會必是另樣，歷史也必是另樣。但是許多人對這樣重要的問題偏愛扮面孔，不肯拿它來鄭重地談，鄭重地想。

以往少數哲學家如盧梭、康德、斯賓諾莎等人對這問題所發表的議論，依叔本華看，都很膚淺。至於一般人的觀念更不免爲迷信、偏見和僞善所混亂。

許多負教養之責的父母和師長對這問題簡直有些畏懼，諱莫如深，彷彿以爲男女關係生來是淫穢相連的，青年人千萬沾染不得，最好把他們蒙蔽住。其實你愈不使他們沾染，而他們偏愈愛沾染；對這重要問題你想他們安於愚昧，他們就須得償付愚昧的代價。

從生物學的觀點看，這問題本很簡單。有生之倫執著最牢固的是生命，最強烈的本能是叔本華所說的生命意志。首先是個體生命，我們掙扎、營養、竭力勞心，都無非是要個體生命在物質方面得到維持、發展、安全、舒適；在精神方面得到眞善美諸價值所給的快慰。一切活動的最終目的都在「謀生」。

但是個體生命是不能永久執著的，生的盡頭都是死。長生不但是一個不能實現的理想，而且也不是一個好理想。你試想：從開天闢地到世界末日，假如老是一代人在活著，世界不就成爲一池死水？

一代過去了，就有另一代繼著來，生生不息，不主故常，所以變化無端，生發無窮。這是造化的巧妙安排。懂得這巧妙，我們就明白種族不朽何以勝似個體長生，種族生命何以重於個體生命，種族生命意志何以強於個體生命意志。

男女相悅，說來說去，只是種族生命意志的表現。種族生命意志就是一般人所謂「性慾」。「愛」是一個較好聽的名詞，凡是男女間的愛都不免帶有性慾成分。你儘管相信你的愛是「純潔的」、「心靈的」、「精神的」，骨子裡都是無數億萬年遺傳下來的那一點性的衝動在祟，你要與你所愛的人配合，你要傳種。你不敢承認這點，因爲你的老祖宗除了遺傳給你這點性的衝動以外，還遺傳給你一些相反的力量！

關於性愛的「禁忌」（Taboo），你的腦筋裡裝滿著性愛、性交是淫穢的、可羞的、不道德的之類觀念。其實，你須得知道，假如這一點性的衝動被閹割了，人道就會滅絕。人除著愛上帝以外，沒有另一種心靈活動比男人愛女或女人愛男人那一點熱忱，更值得叫做「神聖」，因爲那是對於「不朽」的希求，是要把人人所寶貴的生命繼續不斷的綿延下去。

傳種的要求驅遣著兩性相愛，這是人與禽獸所共同的。但是有兩個因素使性愛問題在人類社會中由簡單變爲很複雜。第一個因素是社會的。社會所賴以維持的是倫理、宗教、法律和風俗習慣所釀成的禮法，「男女居室，人之大倫」，沒有禮法不足以維持。

關於男女關係的禮法大約起於下列兩種。第一是防止爭端。性慾是最強烈的本能，而性慾的對象雖有選擇，卻無限制。一個人可以有許多對象，而許多人也可以同有一個對象；男愛女或不愛，女愛男或不愛。假如一個人讓自己的性慾作主，不受任何制裁，「爭風」和「逼姦」之類事態就會把社會的秩序弄得天翻地覆。因此每個社會對於男女交接和婚姻都有一套成文和不成文的法典。例如一夫一妻，憑媒嫁娶，尊重貞操，懲處姦淫之類。

其次是劃清責任。戀愛的正常歸宿是婚姻，婚姻的正常歸宿是生兒養女，成立家庭。有了家庭就有家庭的責任，生活要維持，子女要教養。性的衝動是飄忽游離的，常要求新花樣與新口味，而家庭責任卻需要夫妻固定拘守，「一與之齊，終身不改」。假如一個人隨意雜交，不在意生兒養女，慾望滿足了就丟開配偶兒女而別開生面，他所丟下來的責任給誰負擔呢？在以家庭爲中心的社會，這種不負責的行爲是不能不受裁制的。

世界也有人夢想廢除家庭的烏托邦，在那裡面男女關係有絕對的自由，但是這恐怕永遠是夢想。男女配合的最終目的原來就在生養子女，不在快一時之意，家庭是種族蔓延所必需的暖室，爲了快一時之意而忘了那快意行爲的最終目的，破壞達到那目的的最適宜的路徑，那是違反自然的鐵律。

因爲上述兩種社會的力量，人類兩性配合不能全憑性慾指使，取雜交方式。它一方面須滿足自然需要，一方面也要滿足社會需要。自然需要傾向於自由發洩，社會需要卻傾向於防閑節制。這種防閑節制對於個體有時不免是痛苦，但就全局著想，有健康的社會生命才能保障個體生命與種族生命。

性慾要求原來在綿延種族生命，到了它危害到種族生命所藉以保障的社會生命時，它就失去了本來作用，於理是應受制止的。這道理本很淺顯，許多人卻沒有認清，感到社會的防閑節制不方便，便罵「禮教吃人」。極端的個人主義常是一端。

同時，我們自然也須承認社會的防閑節制的方式也有失去它的本來作用的時候。社會常變遷，甲型社會的禮法不一定適用於乙型社會，一個社會已經由甲型變到乙型時，甲型的禮法往往本著習慣的惰性留存在乙型社會裡，有如盲腸，不但無用，甚至發炎生病。

原始社會所遺留下來的關於性的「禁忌」，如「男女授受不親」、「女子出門必擁蔽其面」、「望門守節」，孕婦產婦不潔淨、帶災星之類，在現代已如盲腸，都很顯然。

第二個使人類兩性問題變複雜的因素是心理的。從個體方面看，異性的尋求、結合、生育都是消耗與犧牲，自私是人類天性，純粹是消耗與犧牲的事是很少有人肯幹的。於此造化又有一個很巧妙的安排，使這消耗與犧牲的事帶著極大的快感。人們追求異性，骨子裡本為傳種，而表面上卻表現得為自己求慾望的滿足。戀愛的人們，像叔本華所說的，常在「錯覺」（Illusion）裡過活。當其未達目的時，彷彿世間沒有比這更快意的事，到了種子播出去了，回思雖了無餘味，而性慾的驅遣卻不因此而減殺其熱力，還是源源湧現，挾著排山倒海的力量東奔西竄。它的遭遇有順有逆，有常有變，縱橫流轉中與其他事物發生關係，複雜微妙至不可想像，而身當其衝者的心理變遷也隨之幻化無端。

近代有幾個著名學者如韋斯特馬克（West Mark）、靄理斯（H. Ellis）、佛洛依德（Freud）諸人對性愛心理所發表的著作幾至汗牛充棟。在這篇短文裡我們無法把許光怪陸離的現象都描繪出來，只能略舉數端，以示梗概。

男女相愛與審美意識有密切關聯，這是人盡皆知的。我們在這裡所指的倒不在男愛女美、女愛男美那一點，因爲那很明顯，無用申述。我們所指的是相愛相交那事情本身的藝術化。人爲萬物之靈，雖處處受自然需要驅遣，卻時時要超過自然需要而作自由活動，較高尚的企圖如文藝、宗教、哲學之類多起於此。

舉個淺例來說，盛水用壺是一種自然需要，可是人不可以此爲足，卻費心力去求壺的美觀。美觀非實用所必需，卻是心靈自由伸展所不可無。人在男女關係也是如此。

男女間事，如果止於禽獸的階層上，那是極平凡而粗淺的，只須看雞犬，在交合的那一頃刻間牠們服從性慾的驅遣，有如奴隸服從主子之恭順，其不可逃免性有如命運之堅強，牠們簡直不是自己的主宰，一股衝動來，就如懸崖縱馬，一衝而下，毫不繞彎子，也毫不講體面。

人要把這件自然需要所逼迫的事弄得比較「體面」些，不那樣脫皮露骨，於是有許多遮蓋，有許多粉飾，有許多作態弄影，旁敲側擊。男女交際間的禮儀和技巧大半是粗俗事情的文雅化，做得太過份了，固不免帶著許多虛僞與欺詐，做得恰到好處時，卻可以娛目賞心。

實用需要壺盛水，審美意識進一步要求壺的美觀。美觀與實用在此仍並行不悖。再進一步，壺可以放棄它的實用而成爲古董、純粹的藝術品，如果拿它來盛水，就不免殺風景。男女的愛也有同樣的演進。在動物階層，它只是爲生殖傳種一個實用目的，繼之它成爲一種帶有藝術性的活動，再進一步它就成爲一種純粹的藝術，徒供賞玩。

愛於是與性慾在表面上分爲兩事，許多人只是「爲愛而愛」，就只在愛的本身那一點快樂上流連體會，否認愛還有藉肉體結合而傳種那一個骯髒的作用。愛於是成爲「柏拉圖式的」，純潔的、心靈的、神聖的，至於性慾活動則被視爲肉體的、淫穢的、可恥的、塵俗的。這觀念的形成始於耶穌教的重靈輕肉，終於十九世紀浪漫派文藝的「戀愛至上觀」。

這種靈愛與肉愛的分別引起好些人的自尊心，激勵成好些思想、文藝和事業上的成就；同時它也使好些人變成瘋狂，養成好些不健康的心理習慣。說得好聽點，它起於性愛的「淨化」或「昇華」；說得不好聽一點，它是替一件極塵俗的事情掛上一個極高尚的幌子，「金玉其外，敗絮其中」。從這點我們可看出人心怎樣愛繞彎，愛歪曲目然。

近代變態心理學所供給的實例更多。它的起因，像佛洛依德所說的，是自然與文化、性慾衝動與社會道德習俗的衝突。性慾衝動極力伸展，社會勢力極力壓抑。這衝突如果不得到正常的調整，性慾衝動就不免由意識領域壓抑到潛意識領域，雖是囚禁在那黑獄裡，卻仍躍躍欲試，冀圖破關脫獄。

爲著要逃避意識的檢察，它取種種化裝。許多尋常行動，如作夢、說笑話、創作文藝、崇拜偶像、虐待弱小，以至於吮指頭、露大腿之類，在變態心理學家看，都可以是性慾化裝的表現。

性慾是一種強大的力量，有如奔流，須有所傾瀉，正常的方式是傾瀉於異性對象；得不到正常對象傾瀉時，它或是決堤而氾濫橫流，釀成種種精神病症；或是改道旁馳，起昇華作用而致力於宗教、文藝、學術或事功。因此，人類活動——無論是個體的或社會的——幾乎沒有一件不可以在有形無形之中與性愛發生心理上的關聯。

這裡所說的只是一個極粗淺的梗概，從這種粗淺的梗概中，我們已可以見出人類兩性關係問題如何複雜。要得到一個健康的性道德觀，我們需要近代科學所供給的關於性愛的各方面知識，一種性知識的啓蒙運動。

我們一、不能如道學家和清教徒一味抹煞人性，對於性的活動施以過分嚴厲的裁制，原始時代的「禁忌」更沒有保留的必要；二、不能如浪漫派文藝作者滿口謳歌「戀愛至上」，把一件尋常事情捧到九霄雲外，使一般神經質、軟弱的人們懸過高的希望，追攀不到，就陷於失望悲觀；三、不能如蘇聯共產黨人把戀愛婚姻完全看成個人的私行，與社會國家無關，任它絕對自由，絕對放縱。

依我個人的主張，男女間事是一件極家常極平凡的事，我們必須以寫實的態度和生物學的眼光去看它，不必把它看成神奇奧妙，也不必把它看成淫穢邪僻。我們每個人天生有傳種的機能、義務與權利，我們尋求異性，是要盡每個人都應盡的責任。一對男女成立戀愛或婚姻的關係時，只要不妨害社會秩序的合理要求，我們就用不著大驚小怪。

這句話中的插句極重要：社會不能沒有裁制，而社會的裁制也必須合理。社會的合理裁制是指上文所說的防止爭端和劃清責任。爭婚、逼婚、亂倫、患傳染病結婚、結婚而放棄結婚的責任，這些便是法律所應禁止的。除了這幾項以外，社會如果再多嘴多舌，說這樣是傷風，那樣是敗俗，這樣是淫穢，那樣是姦邪，那就在要許多人的心理上起不必要的壓抑作用，釀成精神的變態，並且也引起許多人陽奉陰違，面子上仁義道德，骨子裡男盜女娼。

在人生各方面，正常的生活才是健康的生活。在男女關係方面，正常的路徑是由戀愛而結婚，由結婚而生兒養女，把前一代的責任移交給後一代，使種族「於萬斯年」地綿延下去。

傳種以外，結婚者的個人幸福也不應一筆勾消。結婚和成立家庭應該是一件快樂的事，人們就應該在裡面希冀快樂，且努力產生快樂。到了夫妻實在不能相容而家庭無幸福可言時，在劃清責任的條件之下，離婚是道德與法律都應該允許而且提倡的。

談青年與戀愛結婚

在動物階層，性愛不成問題，因爲一切順著自然傾向，不失時，不反常，所以也就合理。在原始人類問題，性愛不成爲嚴重的問題，因爲大體上這是順自然傾向，縱有社會裁制，習慣成了自然，大家也就相安無事。

在近化開化的社會，性愛的問題變成很嚴重，因爲自然傾向與社會裁制發生激烈的衝突，失時和反常的現象常發生，倫理的、宗教的、法律的、經濟的、社會的關係愈複雜、糾紛愈多而解決也就愈困難。這困難成年人感覺到很迫切，青年人感到尤其迫切。

性愛在青年期有一個極大的矛盾。一方面性慾在青年期由潛伏而旺盛，力量特別強烈；一方面種種理由使青年人不適宜於性生活的活動。

先說青年人不適宜於性愛的理由：

一、戀愛的正常歸宿是結婚，結婚的正常歸宿是生兒養女，成立家庭。青年處學習期，在事業上尚無成就，經濟上未能獨立，負不起成立家庭教養子女的責任。戀愛固然可以不結婚，但是性的衝動培養到最緊張的程度而沒有正常的發洩，那是違反自然，從醫學和心理學觀點看，對於身心都有很大的妨害。結婚固然也可以節制生育，但是尋常婚後生活中，子女的愛是夫妻間一個重要的聯繫。培養起另一代人原是結婚男女的共同目標與共同興趣，把這共同目標與共同興趣用不自然的方法割去了，結婚男女的生活就很乾枯，他們的情感也就逐漸冷淡，這對於種族和個人都沒有裨益，失去了戀愛與婚姻的本來作用。

二、青年身體發展尚未成熟，早婚妨礙健康，盡人皆知；如生兒育女，下一代人也必定比較羸弱，可以影響到民族的體力，我國以往在這方面吃的虧委實不小。還不僅於此，據一般心理學家的觀察，性格的成熟常晚於體格的成熟，青年在體格方面儘管已成年，在心理方面往往還很幼稚，男子尤其是如此。

在二十餘歲的光景，他們心中裝滿著稚氣的幻想，沒有多方的人生經驗，認不清現實，情感游離浮動，理智和意志都很薄弱，性格極易變動，尤其是缺乏審愼周詳的抉擇力與判斷力，今天做的事明天就會懊悔。

假如他們鍾情一個女子，馬上就會陷入沈醉迷狂狀態，把愛的實現看得比世間任何事都較重要。達不到目的，世界就顯得黑暗，人生就顯得無味，覺得非自殺不可；達到目的，結婚就成了「戀愛的墳墓」，從前的仙子就是現在的手鐐腳銬。到了這步田地，他們不是犧牲自己的幸福，就是犧牲別人的幸福。許多有爲青年的前途就這樣毀去了。

讓體格、性格都不成熟的青年人，去嘗試人生極大的冒險，那簡直是一個極大的罪孽。

三、人生可分幾個時期，每時期有每時期的正當使命與正當工作。青年期的正當使命是準備做人，正當工作是學習。在準備做人時，在學習時，無論是戀愛或是結婚都是一種妨害。

人生精力有限。在戀愛和結婚上面消耗了一些，餘剩可用於學習的就不夠。在大學期間結婚的學生成績必不會頂好，在中學期間結婚的學生前途絕不會有很大的希望。自己還帶乳臭，就靦顏準備做父母，還滿口在談幸福。社會上有這種現象，就顯得它有些病態。

戀愛用不著反對，結婚更用不著反對，只是不能「用違其時」。禽獸性生活的優點就在不失時，一生中有一個正當的節季。在人類，正當的時期是壯年，老年人過時，青年人不及時，青年人戀愛結婚，與老年人戀愛結婚，是同樣的反常可笑。

假如我們根據這幾條理由，就絕對反對青年談戀愛，是否可能呢？

我自己也是過來人，略知此中甘苦，憑自己的經驗和對於旁人的觀察，我可以大膽地說，在三十歲以前，一個人假如不受愛情的攪擾，對男女間事不發生很大的興趣，專心致志地去做他的學問，那是再好沒有的事，他可以多得些成就，少得些苦惱。我還可以說，像這樣天眞浪漫地過青春的人，世間也並非絕對沒有；而且如果我們認定三十歲左右爲正當的結婚年齡，從生物學觀點看，這種人也不能算是不自然或不近人情。

不過我們也須得承認，在近代社會中，這種渾厚的青年確實很少。少的原因是在近代生活對於性愛有許多不健康的暗示與刺激，以及教育方面的欠缺。

家庭和學校對男女間事絕對不准談，彷彿這中間事極神祕或極不體面，有不可告人處。只這印象對兒童們影響就很壞，他們好奇心特別強，你愈想瞞，他們就愈想知道。他們或是從大人方面窺出一些偷偷摸摸的事，或是從一塊兒遊戲頑童聽到一些淫穢的話。不久他們的性的衝動逐漸發達了，這些不良的種子就在他們心中發芽生枝。好奇心以外又加上模仿本能的活動，他們開始看容易刺激性慾的小說或電影，注意窺探性生活的祕密，甚至想自己也跳到那熱鬧舞臺上去表演。

他們年紀輕，正當的對象自無法可得，於是演出種種「性的反常」現象，如同性愛、自性愛、手淫之類。如果他們生在都市裡，年紀比較大一點，說不定還和不正當的女人來往。如果他們進了大學，讀過一些謳歌戀愛的詩文，看過一些甜情蜜意的榜樣，就會覺得戀愛是大學生活中應有的一幕，自己少不得也要湊趣應景，否則即是一個缺陷，一宗恥辱。

我們可以說，現在一般青年從幼稚園到大學，沿途所學的性生活的影響都是不健康的，無怪他們向不健康的路徑走。

自命為「有心人」的看到這種景象，或是嗟歎世風不古，或是詛咒近代教育，想拿古老的教條來箝制近代青年的活動。世風不古是事實，無用嗟歎，在任何時代，世風都不會「古」的。世界既已演變到現在這個階段，要想回到男女授受不親那種狀態，未免是癡人說夢。

我個人的主張是要把科學知識盡量地應用到性愛問題上面來，使一般人一方面明白它在生物學、生理學和心理學上的意義，一方面也認清它所連帶的社會、政治、經濟各方面的責任。

這問題，像一切其他人生問題一樣，可以用冷靜的頭腦去思索，不必把它擺在一種帶有宗教性的神祕雰園裡。神祕本身就是一種誘惑，暗中摸索都難免跌跤。

就大體說，我贊成用很自然的方法引導青年撇開戀愛和結婚的路。所謂自然的方法有兩種。

第一、是精力有所發揮，精神有所寄託　一個人心無二用，卻也不能沒有所用。青年人精力最彌滿，要它閒著無所用，就難免氾濫橫流。假如他在工作裡發生興趣，在文藝裡發生興趣，甚至於在遊戲、運動裡發生興趣，這就可以壟斷他的心神，不叫它旁遷他涉。很多青年因爲心有所用，很自然地沒有走上戀愛的路。

二、是改善社交生活，使同情心得到滋養　青年人最需要的是同情，最怕的是寂寞，愈寂寞就愈感覺異性需要的迫切。一般青年追求異性，與其說是迫於性的衝動，毋寧說是迫於同情的需要。要滿足這需要，社交生活如果豐富也就夠了。一個青年如果有親熱的家庭生活，加上溫暖的團體生活，不感覺到孤寂，他雖然還有「遇」戀愛的可能，卻無「謀」戀愛的必要。

這番話並非反對男女青年的正常交往，反之，我認為男女社交公開是改善社交生活的一端。我雖然贊成叔本華的「男女的愛都是性愛」的看法，卻不敢同意王爾德的「男女間只有愛情而無友誼」的看法。因為友誼有深有淺，友誼沒有深到變為愛情的程度是常見的。

據我個人的觀察，青年施受同情的需要雖很強烈，而把同情專注在某一個對象上，並不是一個很自然的現象。無論在同性中或異性中，一個人很可能地同時有幾個好友。友誼愈廣泛，發生戀愛的可能性也就愈少。一個青年有危險的遭遇莫過於向來沒有和一個女子有較深的接觸，一碰見第一個女子就愛上了她。許多在男女社交方面沒有經驗的青年都往往是如此，而許多悲劇也就如此釀成。

在男女社交公開中，「遇」戀愛自然很可能，但危險性比較小，因爲雙方對於異性都有較清楚的認識。既然「遇」上了戀愛，一個人最好認清這是一件極自然平凡而亦極嚴重的事。他不應視爲兒戲，卻也不應沈醉在詩人的幻想裡，他應該用最寫實的態度去對付它。如果「戀愛至上」，他也要從生物學觀點把它看成「至上」，與愛神無關，與超驗哲學更無關。他就要準備作正常的歸宿——結婚、生兒養女，和擔負家庭的責任。

柏拉圖到晚年計畫一個第二「理想國」，寫成一本書叫做《法律》，裡面有一段話頗有意思，現在譯來作本文的結束——

「我們的公民不應比鳥類和許多其他動物都不如。牠們一生育就是一大群，不到生殖的年齡絕不結婚，維持著貞潔。但是到了適當的時候，雌雄就配合起來，相歡相愛，終身過著聖潔和天眞的生活，牢守著牠們原來的合同……眞的，我們應該向他們（公民們）說，你們須比禽獸高明些。」

談休息

在世界各民族中，我們中國人要算是最能刻苦耐勞的。第一是農人，他們日出而作，日入而息，不分陰晴冷暖，總是硬著頭皮，流著血汗，忙個不休。一年之中，他們最多只能在過年過節時歇上三、五天。

你如果住在鄉下，常看他們在炎天烈日下車水拔草，挑重擔推重車上高坡，或是拉繩索拖重載上急灘，你對他們會起敬心也會起憐憫心，覺得他們雖是人，卻在做牛馬的工作，過牛馬的生活。

讀書人比較算是有閒階級，但在未飛黃騰達以前，也要經過一番艱苦的奮鬥。從前私塾學生從天亮到半夜，都有規定的課程，休息對於他們是一個稀奇的名詞。小學生們只有在先生打瞌睡時偷耍一陣，萬一先生不打瞌睡，就只有找藉口逃學。

從前讀書人誤會「自強不息」的意思，以爲「不息」就是不要休息。十年不下樓，十年不窺園，囊螢刺股，發憤忘食之類的故事，在讀書人中傳爲美談，奉爲模範。

近代學校教育比從前私塾教育似乎也並不輕鬆多少。從小學以至大學功課都太繁重，每日除上六、七小時課外，還要看課本、做練習。世界各國學校上課鐘點之多，假期之短少，似沒有比得上我們的。

這種刻苦耐勞的精神原可佩服，但是對於身心兩方的修養卻是極大的危害。最刻苦耐勞的是我們中國人，體格最羸弱而工作最不講效率的也是我們中國人，這中間似不無密切關係。我們對於休憩的重要性太缺乏徹底的認識了。它看來雖似小問題，卻與全民族的生命力所關，不能不提出一談。

自然界事物都有一個節奏。脈搏一起一伏，呼吸一進一出，筋肉一張一弛，以至日夜的更替，寒暑的來往，都有一個勞動和休息的道理在內。

草木和蟲豸在冬天要枯要眠，土壤耕種了幾年之後須休息，連機器輪、電燈線也不能晝夜不息地工作。世間沒有一件事物能在一個狀態維持到久遠的，生命就是變化，而變都有一起一伏的節奏。

跳高者爲著要跳得高，先蹲著很低；演戲者爲著造成一個緊張的局面，先來一個輕描淡寫；用兵者守如處女，才能出如脫兔；唱歌者爲著要拖長一個高音，先須深深地吸一口氣……事例是不勝枚舉的。

世間固然有些事可以違拗自然去勉強，但是勉強也有它的限度。人的力量，無論是屬於身或屬於心的，到用過了限度時，必定是由疲勞而衰竭，由衰竭而毀滅。譬如弓弦，老是盡量地拉滿不放鬆，結果必定是斷裂。

我們中國人的生活常像滿引的弓弦，只圖張的速效，不顧弛的蓄力，所以常在身心俱憊的狀態中。這是政教當局所必須設法改善的。

一般人以爲多延長工作的時間就可以多收些效果，比如說，一天能走一百里路，多走一天，就可以多走一百里路，如此天天走著不歇，無論走得多久，都可以維持一百里的速度。凡是走過長路的人都知道這算盤打得不很精確，走久了不歇，必定愈走愈慢，以至完全走不動。我們走的祕訣——「不怕慢，只怕站」，實在只有片面的眞理。

永遠站著固然不行，永遠不站也不一定能走得遠。不站就須得慢，慢有時延誤事機；而偶爾站站卻不至於慢，站後再走是加速度的唯一辦去。我們中國人做事的通病就在怕站而不怕慢，慢條斯理地不死不活地望前挨，說不做而做著並沒有歇，說做卻並沒有做出什麼名堂來，許多事就這樣因循耽誤了。

我們只講工作而不講效率，在現代社會中，不講效率，就要落後。西方各國都把效率看做一個迫切的問題。心理學家對這問題做了無數的實驗，所得結論是：以同樣時間去做同樣工作，有休息的比沒有休息的效率大得多。

比如說，一長頁的算學加法習題，繼續不斷地去做要費兩點鐘，如果先做五十分鐘，繼以二十分鐘的休息，再做五十分鐘，也還可以做完，時間上無損失而錯誤卻較少。

西方新式工廠大半都已應用這個原則去調節工作和休息的時間，結果工人的工作時間雖減少，雇主的出品質量反而增加了。一般人以爲休息是浪費時間，其實不休息的工作才眞是浪費時間。

此外，還有精力的損耗更不經濟。拿中國人與西方人相比，可工作的年齡至少有二十的差別。我們到五、六十歲就衰老無能，他們那時還正年富力強，事實剛開始，這分別有多大！

休息不僅爲工作蓄力，而且有時工作必須在休息中醞釀成熟。法國大數學家潘嘉賚研究數學上的難題，苦思不得其解，後來跑到街上閒逛，原來費盡氣力不能解決的難題卻於無意中就輕輕易易地解決了。

據心理學家的解釋，有意識作用的工作須得到潛意識中醞釀一陣，才得著土生根。通常我們在放下一件工作之後，表面上似在休息，而實際上潛意識中那件工作還在進行。詹姆斯有「夏天學溜冰，冬天學泅水」的比喻。溜冰本來是前冬練習的，今夏無冰可溜，自然就想不到溜冰，算是在休息，但是溜冰的筋肉技巧卻恰在此時凝固起來。泅水也是如此，一切學習都如此。

比如我們學寫字，用功甚勤，進步總是顯得很慢，有時甚至越寫越壞。但是如果停下一些時候再寫，就猛然覺得字有進步。進步之後又停頓，停頓之後又進步，如此輾轉多次，字才易寫得好。習字需要停頓，也是因爲要有時間讓筋肉技巧在潛意識中醞釀凝固。

習字如此，習其它技術也是如此。休息的工夫並不是白費的，它的成就往往比工作的成就更重要。

《佛說四十二章經》裡大有一段故事，戒人為學不宜操之過急，說得很好：「沙門夜誦迦葉佛教遺經，其聲悲緊，思悔欲退。佛門之曰：『汝昔在家，曾為何業？』對曰：『愛彈琴。』佛言：『絃緩如何？』對曰：『不鳴矣。』『絃急如何？』對曰：『聲絕矣。』『急緩得中如何？』對曰：『諸音普矣。』佛言：『沙門學道亦然。心若調適，道可得矣。於道若暴，暴即身疲；其身若疲，意即生惱；意若生惱，行即退矣。』」

我國先儒如程朱諸子教人為學，亦常力戒急迫，主張「優游涵泳」。這四字含有妙理，它所指的工夫是猛火煎後的慢火煨，緊張工作後的潛意識的醞釀。要「優游涵泳」，非有充分休息不可。大抵治學和治事，第一件要事是清明在躬，從容而靈活，常做得自家的主宰，提得起也放得下，急迫躁進最易誤事。

我有時寫字或作文，在意興不佳或微感倦怠時，手不應心，心裡愈想好而寫出來的愈壞，在此時仍不肯丟下，帶著幾分氣憤的念頭勉強寫下去，寫成不得就扯去，扯去重寫仍是要不得，於是愈寫愈煩躁，愈煩躁也就寫得愈不像樣。假如在發現神志不旺時立即丟開，在鄉下散步，吸一口新鮮空氣，看看藍天綠水，陡然間心曠神怡，回頭來再伏案做事，便覺精神百倍，本來做得很艱苦而不能成功的事，現在做起來卻有手揮目送之樂，輕輕易易就做成了。

不但作文寫字如此，要想任何事做得好，做時必須精神飽滿，使工作成爲樂事。一有倦怠或煩躁的意思，最好就把它擱下休息一會兒，讓精神恢復後再來。

人須有生趣才能有生機。生趣是在生活中所領略得的快樂，生機是生活發揚所需要的力量。

諸葛武侯所謂「寧靜以致遠」就包含生趣和生機兩個要素在內，寧靜才能有豐富的生趣和生機，而沒有充分休息做優游涵泳的工夫的人們絕難寧靜。

世間有許多過於辛苦的人，滿身是塵勞，滿腔是雜念，時時刻刻都爲環境的需要所驅遣，如機械一般流轉不息，自己做不得自己的主宰，呆板枯燥，沒有一點生人之趣。這種人是環境壓迫的犧牲者，沒有力量抬起頭來駕馭環境或征服環境，在事業和學問上都難有眞正的大成就。

我認識許多窮苦的農人、孜孜不輟的老學究和一天在辦公室坐八小時的公務員，都令我起這種感想。假如一個國家充滿著這種人，我們很難想像出一個光明世界來。

基督教的聖經敘述上帝創造世界的經過，於每段工作完成之後都讚上一句說：「上帝看看祂所做的事。看，每一件都很好！」到了第七天，上帝把祂的工作都完成了，就停下來休息，並且加福於這第七天，因爲在這一天祂能夠休息。

這段簡單的文字很可耐人尋味。我們不但需要時間工作，尤其需要時間對於我們所做的事回頭看一看，看出它很好；並且工作完成了，我們需要一天休息來恢復疲勞的精神，領略成功的快慰。這一天休息的日子是值得「加福的」，「神聖化的」（聖經裡所用的字是Blessed and sanctified）。

在現代緊張的生活中，我們「車如流水馬如龍」地向前直滾，曾不留下一點時光做一番靜觀和回味，以至華嚴世相都在特別快車的窗子裡滑了過去。而我們也只是輪迴戲盤中的木人木馬。有上帝的榜樣在那裡而我們不去學，豈不是浪費生命！

我生平最愛陶淵明在『自祭文』裡所說的兩句話：「勤靡餘勞，心有常閒。」

上句是尼采所說的達奧尼蘇司的精神，下句則是阿波羅的精神。動中最靜，常保存自我主宰，這是修養的極境，人事算盡了，而神仙福分也就在人事中享著。

現代人的毛病是「勤有餘勞，心無偶閒。」這毛病不僅使生活索然寡味，身心俱憊，於事勞而無功，而且使人心地駁雜，缺乏沖和弘毅的氣象，日日困於名纏利鎖，叫整個世界日趨於乾枯黑暗。但丁描寫厲鬼在地獄中受酷刑，常特別著重「不停留」或「無間斷」的字斷。「不停留」「無間斷」自身就是一種懲罰，甘受這種懲罰的人們是甘人間成爲地獄。上帝的子孫們，讓我們跟著祂的榜樣，加福於我們工作之後休息的時光吧！

談消遣

身和心的活動都持有節奏的週期，這週期的長短隨個人的體質和物質環境而有差異。在週期限度之內，工作有它的效果，也有它的快慰。過了週期限度，工作就必產生疲勞，不但沒有效果，而且成爲苦痛。到了疲勞，就必定有休息，才能恢復工作的效果。這道理極淺，無用深談。

休息的方式甚多，最理想而亦最普通的是睡眠。在睡眠中，生理的功能可以循極自然的節奏進，各種筋肉雖仍在活動，卻不需要緊張的注意力，也沒有工作情境需要所加的壓迫，它的動作是自由的、自然的、不費力的，傾向弛懈的。

一個人如果每天在工作疲勞之後能得到充分時間的熟睡，比任何養生家的祕訣都靈驗。午睡尤其有效。午睡醒了，午後又變成了清晨，一日之中就有兩度的朝氣。西方有些中小學裡，時間表內有午睡的規定，那是很合理的。

我國的理學家和各派宗教家於睡眠之外練習靜坐。靜坐可以使心境空靈，生理功能得到人為的調節，功用有時比睡眠更大。但是初習靜坐需要注意力的控制，有幾分不自然，不易成為恆久的習慣，而且在近代生活狀況之下，靜坐的條件不易具備，所以它不能很普遍。

睡眠與靜坐都不能算是完全的休息，因為許多生理的功能照舊在進行。嚴格地說，生物在未死以前絕不能有充分的休息。有生氣就必活動，「活」與「動」是不可分的。勞而不息固然是苦，息而不勞尤其是苦。生機需要修養，也需要發洩。生機旺而不洩，像春天的草木萌芽被磚石壓著，或是把壓力推開，吐出來，或是變成卷曲黃瘦，失去自然的形態。

心理學家已經很明白地指示出來：許多心理的毛病都起於生機不得正當的發洩。從一般生物的生活看，精力的發洩往往同時就是精力的蓄養。人當少壯時期，精力最彌滿，需要發洩也就愈強烈，愈發洩，精力也就愈充足。一個生氣蓬勃的人必定有多方的興趣，在每方面的活動都比常人活躍；一個人到了可以索然枯坐而不感覺不安時，他必定是一個行將就木的病夫或老者。如果他們在健康狀態中，需要活動而不得活動，他必定感到愁苦抑鬱。

人生最苦的事是疾病幽囚，因爲在疾病幽囚中，他或是失去了精力，或是失去了發洩精力的自由。

精力的發洩有兩種途徑：一是正常工作，一是普通所謂消遣，包含各種遊戲、運動和娛樂在內。

我們不能用全副精力去工作，因爲同樣的注意方向和同樣的筋肉動作維持到相當的限度，必定產生疲勞。如上所述，人的身心構造是依據分工合作原理的。對於各種工作我們都有相當的一套機器、一種才能，和一副精力。比如說，要看有眼，要聽有耳，要走有腳，要思想有頭腦。我們運用眼的時候，耳可以休息，運用腦的時候，腳可以休息，所以在專用眼之後改著去用耳，或是在專用腦之後改著去用腳，我們雖然仍舊在活動，所用以活動只是耳或腳，眼或腦就可以得到休息了。

這種讓一部分精力休息而另一部分精力活動的辦法，在西文叫Diversion，可惜在中文裡沒有恰當的譯名。這也足見我們沒有注意到它的重要。它的意義是「轉向」——工作方面的「換口味」，精力的側出旁擊。

我們已經說過，生物不能有完全的休息，普通所謂休息，除睡眠以外大半是Diversion，這種「換口味」的辦法對於停止的活動是精力的蓄養，對於正在進行的另一活動是精力的發洩。它好比打仗，一部分兵力上前線，另一部分兵力留在後面預備補充。全體的兵力都上了前線，難乎為繼；全體的兵力都在後方按兵不動，過久也會疲老無用，仗自然打不起來。

更番瓜代乃是精力的最經濟最合理的支配，無論是在軍事方面或是在普通生活方面。更番瓜代有種種方式，普通讀書人用腦的機會比較多，最好常在用腦之後做一番筋肉活動，如散步、打球、栽花、做手工之類，一方面可以使腦得休息而恢復疲勞，一方面也可以破除同一工作的單調，不至發生厭悶。

盧梭談教育，主張學生多習手工，這不但因為手工有它特殊教育功效，也因為用手對於用腦是一種調節。大哲學家斯賓諾莎於研究哲學之外，操磨鏡的職業，這固然是為生活，實在也很合理，因為兩種性質相差很遠的工作互相更換，互為上文所說的Diversion，對於心身都有好影響。

就生活理想說，勞心與勞力應該具備於一身，勞力的人絕對不勞心固然變成機械，勞心的人絕對不勞力也難免文弱乾枯。現在勞心與勞力成爲兩種相對峙的階級，這固然是歷史與社會環境所造成的實事，但是我們應該不要忘記它並不甚合理。在可能範圍之內，我們應該求「心與力」的活動能調節適中。

我個人很羨慕中世紀歐洲僧院的生活，他們一方面誦經、抄書、畫畫，而且做很精深的哲學研究，一方面種地、砍柴、釀酒、織布。我常想到我們的學校在這個經濟凋僘之際爲什麼不想一個自給自足的辦法，有系統有計畫地採行半工半讀制？這不像是從經濟著眼，就從教育著眼，這也是一種當務之急。大部分學生來自田間，將來縱不全數回到田間，也要走進工廠或公務機關。如果在學校只養成少爺小姐的心習，全不懂民生疾苦，他們絕難擔負現時代的艱巨責任。當然，本文所說的勞心與勞力的調劑也是一個重要的理由。

不同性質的工作更番瓜代，固可以收到調劑和休息的效用，可是一個人不能時時刻刻都在工作，事實上沒有這種需要，而且勞苦過度，工作也變成一種苦事，不能有很大的效率。我們有時須完全放棄工作，做一點無所爲而爲的活動，享受一點自由人的幸福。工作都有所爲而爲，帶有實用目的；無所爲而爲，不帶實用目的活動，都可以算作消遣。

我們說「消遣」，意謂「混去時光」，含意實在不很好。西方人說「轉向」（Diversion），意謂「把精力朝另一方面去用」，它和工作同稱爲Occupation，無恰當中文譯詞，似包含「佔領」和「寄託」二義。在工作和消遣時，都有一件事物「佔領」著我們的身心，而我們的身心也就「寄託」在那一件事物裡面。身心寄託在那裡，精力也就發洩在那裡。

拉丁文有一句成語說：「自然厭惡空虛。」這句話近代科學仍奉爲至理名言。在物理方面，眞空固不易維持，一有空隙，就有物來佔領；在心理方面，眞空雖是一部分宗教家（如禪宗）的理想，在實際上也是反乎自然而爲自然所厭惡。我們都不願意生活有空隙，都願常有事物「佔領」著身心，沒有事做時須找事做，不願做事時也不甘心閒著，必須找一點玩意兒來消遣，否則便覺得厭悶苦惱，閒慣了，悶慣了，人就變成乾枯無生氣。

消遣就是娛樂，無可消遣當然就是苦悶。世間歡喜消遣的人無論我們的嗜好如何不同，都有一個共同點，就是他們必都有強旺的生活力，運動家和藝術家如此，嫖客、賭徒乃至於煙鬼也是如此。他們的生活力強旺，發洩的需要也就跟著急迫。他們所不同者只在發洩的方式。這有如大水，可以灌田、發電或推動機器，也可以氾濫橫流，淹斃人畜草木。同是強旺的生活力，用在運動可以健身，用在藝術可以怡情養性，用在吃喝嫖賭就可勞民傷財，爲非作歹。「浪子回頭是個寶」，也就是這個道理。

所以消遣看來雖似末節，卻與民族性格、國家風紀都有密切關係。一個民族興盛時有一種消遣方式，頹廢時又另有一種消遣方式。古希臘、羅馬在強盛時，人民都歡喜運動、看戲、參加集會，到頹廢時才有些驕奢淫逸的玩藝兒，如玩孌童、看人獸鬥之類。近代條頓民族（古歐洲北部族的總稱，歐美人民都是條頓民族的後裔）多歡喜戶外運動，而拉丁民族則多消磨時光於咖啡館與跳舞廳。

我國古代民族娛樂花樣極多，如音樂、跳舞、馳馬、試劍、打獵、釣魚、鬥雞、走狗等等，都含有藝術意味或運動意味。後來士大夫階級偏嗜琴棋書畫，雖仍高雅，已微嫌側重藝術，帶有幾分「頹廢」色調。近來「民族形式」的消遣似只有打麻將、坐茶館、吃館子、逛窰子幾種。對於這些玩藝兒不感興趣的人們除著做苦工之外，就只有索然枯坐，不能在生活中領略到一點樂趣。

我經過幾個大學和中學，看見大部分教員和學生終年沒有一點消遣，大家都喊著苦悶，可是大家都不肯出點力把生活略加改善，提倡一些高級趣味的娛樂來排遣閒散時光。從消遣一點看，我們可以窺見民族生命力的低降。這是一個很危險的現象，它的原因在一般人不明瞭消遣的功用，把它太看輕了。

其實這並不能看輕。柏拉圖計畫理想國的政治，主張消遣娛樂都由國法規定；儒家標六藝之教，其中禮樂射御四項都帶有消遣娛樂意味，只書數兩項才是工作；孔子談修養，「居於仁」之後即繼以「遊於藝」，這足見中西都把消遣娛樂看得很重。

梁任公先生有一文講演消遣，可惜原文不在手邊，記得大意是反對消遣浪費時光。他大概有見於近來我國一般消遣方式趣味太低級。但是我們不能因噎廢食。精力必須發洩於有益身心的運動和藝術，不須發洩於有害身心的打牌、抽煙、喝酒、逛窰子。我們要禁絕有害身心的消遣方式，必須先提倡有益身心的消遣方式。比如水勢須決堤氾濫，你不願它決諸東方，就必須讓它決諸西方，這是有心政治與教育的人們所應趁早注意設法的。要復興民族，固然有許多大事要做，可是改善民眾消遣娛樂，也未見得就是小事。

談體育

理想的教育應以發展全人爲鵠的（目標）。全人包含身心兩方面，修養也應同時顧到這兩方面。心的修養包含智育、德育、美育三項，相當於知、情、意三種心理機能。身的修養即通常所謂體育。

近來我們的教育對於心的修養多偏重智育，德育與美育多被忽略。這種畸形的發展釀成一般人的道德墮落與趣味低下，已爲共見周知的事實。至於體育更是落後，學校雖設有體育這門功課，大半是奉行公事，體育教員一向被輕視，學生不注意體育可不致影響升級和畢業，學校在體育設備上花的費用在整個預算上往往不及百分之一。

如果你把身心的重要看作平等，把心的方面知、情、意三種機能的重要也看作平等，再把目前教育狀況衡量一下，就可以想到我們的教育的不完善到了什麼一個程度。德育和美育至少在理論上還有人在提倡，體育則久已降於不議不論之列了。體育所以落到這種無足輕重的地位，大半因爲一般人根本誤認體育沒有心靈那麼高貴。一部分宗教家和哲學家甚至把體膚看成心靈的迷障，要修養心靈須先棄體膚的需要。

我們崇拜甘地，彷彿以爲甘地成就他的特殊精神，就與他的身體瘦弱有關，身體不瘦弱，就不能成聖證道。這種錯誤觀念不破除，我們根本不能談體育。

生命是有機的，身與心雖可分別卻不可割裂；沒有身就沒有心，身體不健全，心靈就不會健全。這道理可以分幾點來說：

第一、身體不健全，聰明智慧不能發高效能　我們中國民族的聰明智慧並不讓西方人，但是在學問事業方面的造就，我們常趕不上他們。原因固然很多，身體羸弱是最重要的一種。

普通歐美人士說：「生命從四十歲開始。」他們到了五、六十歲時，還是血氣方剛，還有二、三十年可以在學問事業方面努力。但是普通中國人到了四十歲以後，精力就逐漸衰憊，在西方人正是奮發有爲的時候，我們已宣告體力的破產，作告老退休的打算。

在普通西方人，頭三、四十年只是訓練和準備的時期，後三、四十年才可以談到成就與收獲；在我們中國人，剛過了訓練和準備的時期，可用的精力就逐漸耗竭，猶如果子未成熟就萎落，如何能談到成與收獲呢？

無論是讀書、寫字、作文章、演說、打仗或辦事，必須精力彌滿，才可以好。尤其是做比較重大的工作，我們更需要持久的努力，要能掙扎到底，維持最後五分鐘的奮鬥。

我們做事，往往開頭很起勁，以後越做越覺得精力不濟，那最後五分鐘最難挨過，以致功虧一簣。這就由於身體羸弱，生活力不夠。

第二、身體羸弱可以影響到性情和人生觀　我常分析自己，每逢性情暴躁，容易爲小事動氣時，身體方面總有些毛病，如頭痛、牙痛、胃痛之類；每逢心境頹唐、悲觀厭世時，大半精疲力竭，所能供給的精力不夠應付事物的要求，這在生病或失眠時最易發生。在睡了一夜好覺之後，清晨爬起來，覺得自己生氣蓬勃，心裡就特別暢快，對人也就特別和善。

我仔細觀察我所常接觸的人，發現體格與心境的密切關係是很普遍的。我沒有看見一個眞正健康的人爲人不和善，處世不樂觀；也沒有看見一個愁眉苦臉的人在身體方面沒有絲毫缺陷。我們中國青年中許多人都悲觀厭世，暮氣沈沈，我敢說這大半是身體不健康的結果。

第三、德行虧缺大半可歸到身體的羸弱　西諺說：「健全精神宿於健全身體。」這句話的意味實在深長。

我常分析中國社會的病根，覺得它可歸原到一個字——懶。懶，所以委靡因循，遇應該做的事拿不出一點勇氣去做；懶，所以馬虎苟且，遇不應該做的事拿不出一點勇氣去決定不做；懶，於是對一切事情朝抵抗力最低的路徑走，遇事偷安取巧，逐漸走到人格的墮落。

懶的原因在那裡呢？懶就是物理學上的惰性，由於動力的缺乏，換言之，由於體力的虛弱。比如機器要產生動力，必須開足馬達，要開足馬達，必須電力強大。身體好比馬達，生活力就是電力，而努力所需要的堅強意志就是動力。生活力不旺——這就是說，體力薄弱——身體那一個馬達就開不動，努力所需要的動力就無從產生。所以精神的破產畢竟起於身體的破產。

生命是一種無止境的奮鬥。一個士兵作戰，一個學者研究學問，或是一個普通公民勇於盡自己的職責，向一切罪惡引誘說一個堅決的「不」字，向一切應做的事說一個堅決的「幹」字，都需要一番奮鬥的精神，一般蓬勃的生活力。

我們多數民衆所最缺乏的就是這奮鬥所必需的生活力，尤其在這抗戰時代，我們必須徹底認識這種缺乏的嚴重性，極力來彌補它。我們慢些談學問，慢些談道德，慢些談任何事功，第一件要事先把身體這個機器弄得堅強結實。要補救我們民族體格的羸弱，必先推求羸弱的病因，然後對症下藥。

一般人都知道一些健身的方法和道理，例如營養適宜，衣食住清潔，生活有規律，運動休息得時之類。我們中國人體格羸弱，大半由於對這些健康的基本條件沒有十分注意，這是誰都會承認的。但是我以爲這些條件固然重要，卻都是後天的培養，最重要的還是先天的基礎。比如動植物的繁殖，在同樣的後天環境之下，種子好的比種子差的較易於發育茁壯。哈巴狗總不能長成獅子狗，任憑你怎樣去飼養。

我知道許多人一輩子注重衛生，一輩子仍是不很強壯，就吃虧在先天不足；我也知道許多人一輩子不知道什麼叫做衛生，可是身體依然是堅實，他們生來就有一副銅筋鐵骨。因此，我想到在體格方面，先天的基礎好，比任何謹愼的後天的培養都要強。我們要想改變民族的體質，第一步要務是徹底地研究優生。

在身體方面的優生，有三個要點必須注意：

第一、男女配合須在發育完成後，早婚須絕對禁止。

第二、選擇配偶的標準須把身體強健放第一位。我們特別獎勵強壯的男子配強壯的女子。以往男擇女要林黛玉那樣弱不禁風，工愁善病；女擇男要潘安那樣白面書生，風度儒雅。這種傳統的理想必須打破。

第三、婦女在妊孕期內必須有合理的調養，在產後至少在三年內須節制妊孕。先天的基礎，母親要奠立一大半，母親的健康比父親的更爲重要。現在一般母親在妊孕期勞作過度，營養不充分，而妊孕期的週率又太頻繁，一年生產一次幾是常事。這一點影響民族體格的健康比其他一切因素都較嚴重。

以上三點體格優生要義，我們必須灌注到每一個公民的頭腦裡去，在必要時，我們最好能用政府力量幫助人民去切實施行。

至於後天的培養用不著多說，一般人都知道一些衛生常識：

第一、是營養必須適宜　目前物價昂貴，一般青年們正當發育的年齡，不能得到最低限度的營養，以至危害到健康。這是一個很嚴重的現象，政教當局必須徹底認識，急圖補救。

第二、是生活必須有規律　起居飲食，勞作休息，都須有一定的時候，一定的分量，一定的節奏。在這一點，我們中國人的習慣很差。遲睡宴起，打牌可以打通宵，平時飲食不夠營養的標準，進館子就得把肚皮漲破，勞作者整天不得休息，遊手好閒者整天不工作，如此等類的毛病都是釀成民族羸弱的因素。

單就青年說，目前各學校的功課都太繁重，營養所產生的力量過少，功課擔負所要求的力量過多，供不應求，逼成虛耗。這也是一個很嚴重的現象。要教育合理化，各級學校的課程必須盡量裁汰。

第三、是心境要寬和沖淡，少動氣，少存雜念　我國古代養生家素來特重這點，所以說「養生莫善於寡慾」，我們近代人對此點大多認爲陳腐，其實這很可惜。近代社會複雜，刺激特多，愈近於文明，愈遠於自然，處處都是擾亂心志的事物，就是處處逼我們打消耗戰。我們必須澹泊寧靜，以逸待勞，這不但可以養生，也可以使學問事業得到較大的成就。

如果做到上面幾點，我相信一個人不會不健康。健康的生活是正常的、自然的，健康的最大祕訣就在使生活是正常的、自然的。近代人談體育，多專指運動，其實專就健康而言，運動是體育的下乘節目。

運動的要義在使血液流通，筋肉平均發展，腦筋與筋肉互換勞息。這三點在普通勞作方面也可以辦到。自然人都很健康，除漁獵、耕作及舞蹈以外，別無所謂運動，而身體卻大半很強健。不過，運動確也有不能用普通勞作代替的地方：

第一、它是比較地科學化，顧到全身筋肉脈絡的有系統的調攝和鍛鍊 在近代社會中分工細密，許多人只用一部分筋肉去勞作，有系統的運動實爲必要。

第二、運動有團體娛樂意味，是群育的最好工具 在中國古代，射以觀德；近代西方人也說運動可以養成「公平遊戲」（Pair Play），一個公平正直的人有「運動家風度」（Sportsmanship）。要訓練合作互助、尊重紀律的精神，最好的場所是運動場。威靈頓說：「滑鐵盧的勝仗是在義敦和哈羅兩校運動場上打來的。」就是因為這個道理。

從這兩點說，我們急須提倡運動。不過，以往飼養選手學校爭門面的辦法必須廢除。運動必須由學校推廣到全社會，成為每個人日常生活中一個節目，如吃飯、睡覺一樣，它才能於全民族的健康有所補助。

談價值意義

——物有本末，事有終始，知所先後，則近道矣。

我初到英國讀書時，一位很愛護我的教師——辛博森先生——寫了一封很懇切的長信，給我講爲人治學的道理，其中有一句話說：「大學教育在使人有正確的價值意識，知道權衡輕重。」

於今事隔二十餘年，我還很清楚地記得這句看來頗似尋常的話。

在當時，我看到了有幾分詫異，心裡想：大學教育的功用就不過如此嗎？經過了這二、三十年的人生經驗，才逐漸使我明白這句話的分量。

我有時虛心檢點過去，發現了我每次的過錯或失敗都恰好在人生歧路，沒有能權衡輕重，以至取捨失當。比如說，我花去許多工夫讀了一些於今看來是值不得讀的書，做了一些於今看來是值不得做的文章，嘗試了一些於今看來是值不得嘗試的事，這樣地就把正經事業耽誤了。好比行軍，沒有偵出要塞，或是偵出要塞而不盡力去擊破，只在無戰爭性的角落徘徊摸索，到精力消耗完了還沒碰著敵人，這豈不是愚蠢？

我自己對於這種愚蠢有切身之痛，每衡量當世人物，也歡喜審察他們是否有沒有犯同樣的毛病。有許多在學問思想方面極爲我所敬佩的人，希望本來很大，他們如果死心蹋地做他們的學問，成就必有可觀。但是因爲他們在社會上名望很高，每個學校都要請他們演講，每個機關都要請他們擔任職務，每個刊物都要請他們作文章，這樣一來，他們不能集中力量去做一件事，用非其長，長處不能發展，不久也就荒廢了。

名位是中國學者的大患。沒有名位去掙扎求名位，旁馳博騖，用心不專，是一種浪費；既得名位而社會視爲萬能，事事都來打擾，惹得人心花意亂，是一種更大的浪費。

「古之學者爲己，今之學者爲人」，在「爲人」「爲己」的衝突中，「爲人」是很大的誘惑。學者遇到這種誘惑，必須知所輕重，毅然有所取捨，否則隨波逐流，不旋踵就有沒落之禍。認定方向，立定腳跟，都需要很深厚的修養。

「正其誼不謀其利，明其道不計其功」是儒家在人生理想上所表現的價值意識。「學也祿在其中」，既學而獲祿，原亦未嘗不可；爲干祿而求學，或得祿而忘學，便是顚倒本末。我國歷來學子正坐此弊。

記得從前有一個學生剛在中學畢業，他的父親就要他做事謀生，有友人勸阻他說：「這等於吃稻種。」這句聰明話可表現一般家長視教育子弟爲投資的心理。

近來一般社會重視功利，青年學子便以功利自期，入學校只圖混資格作敲門磚，對學問沒濃厚的興趣，至於立身處世的道理更視爲迂闊而疏遠。這是價值意識的混亂。教育的根基不堅實，影響到整個社會風氣以至於整個文化。輕重倒置，急其所應緩，緩其所應急，這種毛病在每個人的生活上，在政治上，在整個文化動向上都可以看見。

近來我看了英人貝爾的《文化論》（Clive Bell: Civilization），其中有一章專論價值意識爲文化要素，頗引起我的一些感觸。貝爾專從文化觀點立論，我聯想到「價值意識」在人生許多方面的意義。這問題值得仔細一談。

自然界事物紛紜錯雜，人能不爲之迷惑，賴有兩種發現，一是條理，一是分寸。條理是關係線索，分寸是本末輕重。有了條理，事物才能分別類居，不相雜亂；有了分寸，事物才能尊卑定位，各適其宜。條理是橫面上的秩序，分寸是縱面上的等差。條理在大體上是純理活動的產品，是偏於客觀的；分寸的鑑別則有賴於實用智慧，常爲情感意志所左右，帶有主題的成分。

別條理，審分寸，是人類心靈的兩種最大的功能，一般自然科學在大體上都是別條理的事，一般含有規範性的學術如文藝、倫理、政治之類都是審分寸的事。這兩種活動有時相依爲用，但是別條理易，審分寸難。一個稍有邏輯修養的人大半能別條理，審分寸則有待於一般修養。它不僅是分析，而且是衡量；不僅是知解，而且是抉擇。

「廄焚，子退朝，曰：『傷人乎？』不問馬。」這件事本很瑣細，但足見孔子心中所存的分寸，這種分寸是他整個人格的表現。

所謂審分寸，就是辨別緊要的與瑣屑的，也就是有正確的價值意識。「價值」是一個哲學上的術語，有些哲學家相信世界有絕對價值，永住常在，不隨時空及人事環境爲轉移，如康德所說的道德責任，黑格爾所說的永恆公理。

但是就一般知解說，價值都有對待，高下相形，美醜相彰，而且事物自身本無價值可言，其有價值，是對於人生有效用，效用有大小，價值就有高低。這所謂「效用」自然是指極廣義的，包含一切物質的和精神的實益，不單指狹義功利主義所推崇的安富尊榮之類。作爲這樣的解釋，價值意識對於人生委實是重要。

人生一切活動，都各追求一個目的，我們必須先估定這目的有無追求價值。如果根本沒有價值而我們去追求，只追求較低的價值，我們就打錯了算盤，沒有盡量享受人生最大好處。有正確的價值意識，我們對於可用的力量才能作最經濟的分配，對於人生的豐富意味才能盡量榨取。

人投入這個世界如入珠寶市，有任意採取的自由，但貨色無窮，擔負力量不過百斤。有人挑去瓦礫，有人挑去鋼鐵，有人挑去珠玉，這就看他們的價值意識如何了。

價值意識的應用範圍極廣，凡是出於意志的行爲都有所抉擇，有所排棄。在各種可能的途徑之中擇其一而棄其餘，都須經過價值意識的審核，小而衣食行止，大而道德學問事功，無一能爲例外。

價值通常分爲眞、善、美三種。

先說「眞」，它是科學的對象，科學的思考在大體上雖偏於別條理，卻也須審分寸。它分析事物的屬性，必須辨別自然的與偶然的；歸納事例的原則，必須辨別貌似有關的與實際有關的。

蘋果落地是常事，只有牛頓抓住它的重要性而發明引力定律；蒸汽上騰是常事，只有瓦特抓住它的重要性而發明蒸汽機。就一般學術研究方法說，提綱挈領是一套緊要的工夫，囫圇吞棗必定是食而不化。提綱挈領需要很敏銳的價值意識。

次說「美」，它是藝術的對象。藝術活動通常分欣賞與創造。欣賞全是價值意識的鑑別，藝術趣味的高低全靠價值意識的強弱。趣味低，不是好壞無鑑別，就是歡喜壞的而不了解好的；趣味高，只有眞正好的作品才夠味，低劣作品可以使之作嘔。藝術方面的愛憎有時更甚於道德方面的愛憎。行為的失檢可以原諒，趣味的低劣則無可容恕。

至於藝術創造更步步需要謹嚴的價值意識。在作品醞釀中，許多意象紛呈，許多情致泉湧，當興高采烈時，它們好像八寶樓臺，件件驚心奪目，可是實際上它們不盡經得起推敲。藝術家必能知道割愛，知道剪裁洗鍊，才可披沙揀金！這是第一步。

已選定的材料需要分配安排，每部分的分量有講究，各部分的先後位置也有講究。凡是藝術作品必有頭尾和身材，必有濃淡虛實，必有著重點與陪襯點。「譬如北辰，居其所，而衆星拱之。」作品安排也是如此！這是第二步。

選擇安排可以完全是胸中成竹，要把它描繪出來，傳達給別人看，必藉特殊媒介，如圖畫用形色，文學用語言。一個意思常有幾種說法，都可以說得大致不差，但是只有一種說法，可以說得最恰當妥貼。藝術家對於所用媒介必有特殊敏感，覺得大致不差的說法實在是差以毫釐，謬以千里，並且在沒有碰著最恰當的說法以前，心裡就安頓不下去，他必肯嘔出心肝去推敲！這是第三步。

在創作時，這三個騾雖不必分得如此清楚，可是都不可少，而且每步都必有價值意識在鑑別審核。每個大藝術家必同時是他自己的嚴厲批評者。一個人在道德方面需要良心，在藝術方面尤其需要良心。良心使藝術家不苟且敷衍，不甘落下乘。藝術上的良心就是謹嚴的價值意識。

再次說「善」，它是道德行爲的對象。人性本可與爲善，可與爲惡，世間善人少而不善人多，可知爲惡易而爲善難。爲善所以難者，道德行爲雖根於良心，常與私慾相衝突，勝私慾需要極大的意志力。私慾引人朝抵抗力最低的路徑走，而道德行爲往往朝抵抗力最大的路徑走。這本有幾分不自然，但是世間終有人爲履行道德信條而不惜犧牲一切者，即深切地感覺到善的價值。

「朝聞道，夕死可矣。」孔子醇儒，向少作這樣俠士氣的口吻，而竟說得如此斬截者，即本於「道重於生命」一個價值意識。古今許多忠臣烈士寧殺身以成仁，也是有見於此。從短見的功利觀點看，這種行爲有些傻氣，但是人之所以爲人，就貴在這點傻氣。

說淺一點，善是一種實益，行善社會才可安寧，人生才有幸福；說深一點，善就是一種美，我們不容許行爲有瑕疵，猶如不容一件藝術作品有缺陷。求行爲的善即所以維持人格的完美與人性的尊嚴，善的本身也有價值等差。

「禮與其奢也寧儉，喪與其奢也寧戚。」重在內心不在外表；「男女授受不親，嫂溺援之以手。」重在權變不在拘守條文；「人盡夫也，父一而已。」重在孝不在愛；忠孝不能兩全時，先忠而後孝，以德報怨，即無以報德，所以聖人主以直報怨；「其父攘羊，其子證之。」爲國法而傷天倫，所以聖人不取；子夏喪子失明而喪親民無所聞，所以爲曾子所呵責；孔子自己的兒子死只有棺，所以不肯賣車爲顏淵買槨；齊人拒嗟來之食，義本可嘉，施者謝罪仍堅持餓死，則爲太過；有無相濟是正當道理，微生高乞醯以應鄰人之求，不得爲直；戰所以殺敵致勝，宋襄公不鼓不成列，不得爲仁……這些事例有極重大的，有極尋常的，都可以說明權衡輕重是道德行爲中的緊要工夫。

道德行爲和藝術一樣，都要做得恰到好處，這就是孔子所謂「中」，孟子所謂「義」，中者無過無不及，義者事之宜。要事事得宜而無過無不及，必須有正確的價值意識。

眞、善、美三種價值既說明了，我們可以進一步談人生理想。每個人都不免有一個理想，或爲溫飽，或爲名位，或爲學問，或爲德行，或爲事功，或爲醇酒、婦人，或爲鬥雞走狗，所謂「存其大體者爲大人，存其小體者爲小人。」這種分別究竟以什麼爲標準呢？

哲學家們都承認：人生最高目的是幸福。

什麼才是眞正的幸福？對於這問題也各有各的見解。積學修德可被看成幸福，飽食暖衣也被看成幸福，究竟誰是誰非呢？

我們從人的觀點來說，須認清人的高貴處在那一點。很顯然地，在肉體方面，人比不上許多動物，人之所以高禽獸者在他的心靈。人如果要充分地表現他的人性，必須充實他的心靈生活。

幸福是一種享受，享受者或爲肉體，或爲心靈。人既有肉體，即不能沒有肉體的享受。我們不必如持禁慾主義的清教徒之不近人情，但是我們也須明白：肉體的享受不是人類最高的享受，而是人類與雞豚狗彘所共有的。

人類最高的享受是心靈的享受。那些才是心靈的享受呢？就是上文所述的眞、善、美三種價值。學問、藝術、道德幾無一不是心靈的活動，人如果在這三方面達到最高的境界，同時也就達到幸福的境界。

一個人的生活是否豐富，這就是說，有無價值，就看他對於心靈或精神生活的努力和成就的大小。如果只顧衣食飽暖而對於眞善美漫不感覺興趣，他就成爲一種行屍走肉了。這番道理本無深文奧義，但是說起來好像很迂腐。

靈與肉的衝突本來是一個古老而不易化除的衝突。許多人因顧到肉遂忘記靈，相習成風，心靈生活便被視爲怪誕無稽的事。尤其是近代人被「物質的舒適」一個觀念所迷惑，大家爭著去拜財神，財神也就籠罩了一切。

「哀莫大於心死」，而心死則由於價值意識的錯亂。我們如想改正風氣，必須改正教育，想改正教育，必須改正一般人的價值意識。

談美感教育

世間事物有眞、善、美三種不同的價值，人類心理有知、情、意三種不同的活動。這三種心理活動恰和三種事物價值相當：眞關於知，善關於意，美關於情。

人能知，就有好奇心，就要求知，就要辨別眞僞；人能發意志，就要想好，就要趨善避惡，造就人生幸福；人能動情感，就愛美，就歡喜創造藝術，欣賞人生自然中的美妙境界。

求知、想好、愛美三者都是人類天性。人生來就有眞、善、美的需要，眞、善、美具備，人生才完美。

教育的功用就在順應人類求知、想好、愛美的天性，使一個人在這三方面得到最大限度的調和的發展，以達到完美的生活。

「教育」一詞在西文爲Education，是從拉丁動詞Educare來的，原義是「抽出」。所謂「抽出」即「啓發」。教育的目的在「啓發」人性中所固有的求知、想好、愛美的本能，使它們盡量發展。

中國儒家的最高人生理想是「盡性」。他們說：「能盡人之性，則能盡物之性，能盡物之性，則可以參天地之化育。」教育的目的可說是使人「盡性」，發揮性之所固有。

物有眞、善、美三面，心有知、情、意三面，教育求在這三方面同時發展，於是有智育、德育、美育三節目。智育叫人研究學問，求知識，尋眞理；德育叫人培養良善品格，學做人處世的方法和道理；美育叫人創造藝術，欣賞藝術與自然，在人生世相中尋出豐富的興趣。

三育對於人生本有同等的重要，但是在流行教育中，只有智育被人看重，德育在理論上的重要性也還沒有人否認，至於美育則在實施與理論方面都很少有人顧及。

二十年前蔡孑民先生一度提倡過「美育代宗教」，他的主張似沒有發生多大的影響。

還有一派人不但忽略美育，而且根本仇視美育，他們彷彿覺得藝術有幾分不道德，美育對於德育有妨礙。

希臘大哲學家柏拉圖就以爲詩和藝術是說謊的，逢迎人類卑劣的情感的，多受詩和藝術的薰染，人就會失去理智的控制而變成情感的奴隸，所以他對詩人和藝術家說了一番客氣話之後，就把他們逐出「理想國」的境外；中世紀耶穌教徒的態度也很類似，他們以倡苦行主義求來世的解脫。文藝是現世中一種快樂，所以被看成一種罪孽。

近代哲學家中盧梭是平等自由說的倡導者，照理應該能看得寬遠一點，但是他仍是懷疑文藝，因爲他把文藝和文化都看成樸素天眞的腐化劑。

托爾斯泰對近代西方藝術的攻擊更絲毫不留情面，他以爲文藝常傳染不道德的情感，對於世道人心影響極壞。他在《藝術論》裡說：「每個有理性有道德的人應該跟著柏拉圖以及耶回教師，把問題重新這樣決定：寧可不要藝術，也莫再讓現在流行的腐化的虛僞的藝術繼續下去。」

這些哲學家和宗教家的根本錯誤在認定情感是惡的，理性是善的，人要能以理性鎮壓感情，才達到至善。

這種觀念何以是錯誤的呢？人是一種有機體，情感和理性都是天性固有的，就不容易拆開。造物不浪費，給我們一份家當就有一份的用處，無論情感是否可以用理性壓抑下去，縱是壓抑下去，也是一種損耗，一種殘廢。

人好比一棵花草，要根莖、枝葉、花實都得到平均的和諧的發展，才長得繁茂有生氣。有些園丁不知道盡草本之性，用人工去歪曲自然，使某一部分發達到超出常態，另一部分則受壓抑摧殘。這種畸形發展是不健康的狀態，在草木如此，在人也是如此。

理想的教育不是摧殘一部分天性而去培養另一部分天性，以致造成畸形的發展；理想的教育是讓天性中所有的潛蓄力量都得盡量發揮，所有的本能都得平均調和發展，以造成一個全人。

所謂「全人」除體格強壯以外，心理方面眞、善、美的需要必都得到滿足。只顧求知而不顧其他的人是書蟲，只講道德而不顧其他的人是枯燥迂腐的清教徒，只顧愛美而不顧其他的人是頹廢的享樂主義者。這三種人都不是全人而是畸形人，精神方面的駝子跛子。養成精神方面的駝子跛子的教育是無可辯護的。

美感教育是一種情感教育，它的重要我們的古代儒家是知道的。儒家教育特重詩，以爲它可以興觀群怨；又特重禮樂，以爲「禮以制其宜，樂以導其和。」《論語》有一段話總述儒家教育宗旨說：「興於詩，立於禮，成於樂。」詩、禮、樂三項可以說都屬於美感教育。

詩與樂相關，目的在怡情養性，養成內人的和諧（Harmony）；禮重儀節，目的在使行爲儀表就規範，養成生活上的秩序（Order）。蘊於中的是性情，受詩與樂的陶冶和諧；發於外的是行爲儀表，受禮的調節而進到秩序。內具和諧而外具秩序的生活，從倫理觀點看，是最善的；從美感觀點來看，也是最美的。

儒家教育出來的，要在倫理和美感觀點都可以看得過去。這是儒家教育思想中最值得注意的一點。他們的著重點無疑地是在道德方面，德育是他們的最後鵠的，這是他們與西方哲學家、宗教家柏拉圖和托爾斯奉諸人相同的。不過他們高於柏拉圖和托爾斯泰諸人，因爲柏拉圖和托爾斯泰諸人錯認美育可以妨礙德育，而儒家則認定美育為德育的必由之徑。

道德並非陳腐條文的遵守，而是至性眞情的流露。所以德育從根本做起，必須怡情養性。美感教育的功用就在怡情養性，所以是德育的基礎工夫。

嚴格地說，善與美不但不相衝突，而且到最高境界，根本是一回事，它們的必有條件同是和諧與秩序。從倫理觀點看，美是一種善；從美感觀點看，善也是一種美。所以在古希臘文與近代德文中，美善只有一個字，在中文和其他近代語中，「善」與「美」二字雖分開，仍可互相替用。

眞正的善人對於生活不苟且，猶如藝術家對於作品不苟且一樣。過一世生活好比做一篇文章，文章求恰心貴當，生活也須求恰心貴當。我們嫌惡行為上的卑鄙齷齪，不僅因其不善，也因其醜；我們讚賞行為上的光明磊落，不僅因其善，也因其美，一個眞正有美感修養的人必定同時也有道德修養。

美育為德育的基礎，英國詩人雪萊在《詩的辯護》裡也說得透闢。他說：「道德的大原在仁愛，在脫離小我，去體驗我以外的思想行為和體態的美妙。一個人如果眞正做善人，必須能深廣地想像，必須能設身處地替旁人想，人類的憂喜苦樂變成他的憂喜苦樂。要達到道德上的善，最大的途徑是想像；詩從這根本上做工夫，所以能發生道德的影響。」

換句話說，道德起於仁愛，仁愛就是同情，同情起於想像。比如你哀憐一個乞丐，你必定先能設身處地想像他的痛苦。詩和藝術對於主觀的情境必能「出乎其外」，對於客觀的情境必能「入乎其中」，在想像中領略它，玩索它，所以能擴大想像，培養同情。

這種看法也與儒家學說暗合，儒家在諸德中特重「仁」，「仁」近於耶穌教的「愛」、佛教的「慈悲」，是一種天性，也是一種修養。仁的修養就在詩，儒家有一句很簡賅深刻的話：「溫柔敦厚詩教也。」詩教就是美育，溫柔敦厚就是仁的表現。

美育不但不妨害德育，而且是德育的基礎，如上所述。不過，美育的價值還不僅在此。西方人有一句格言說：「藝術是解放的，給人自由的。」「Art is liberative.」這句話最能見出藝術的功用，也最能見出美育的功用。現在我們就在這句話的意義上發揮。

從那方面看，藝術和美育是「解放、給人自由的」呢？

第一、是本能衝動和情感的解放 人類生來有許多本能衝動和附帶的情感，如性慾、生存慾、佔有慾、愛、惡、憐、懼之類。本是自然傾向，它們都需要活動，需要發洩。但在實際生活中，它們不但常互相衝突，而且與文明社會的種種約束，如道德、宗教、法律、習俗之類不相容。

我們每個人都知道，本能行動和慾望是無窮的，而實際上有機會實現的卻寥寥可數。我們有時感覺到本能行動和慾望不大體面，不免起羞惡之心，硬把它們壓抑下去；有時自己對它們雖不羞惡而社會的壓力過大，不容它們赤裸裸的暴露，也還是被壓抑下去。息慾是一個最顯的例。

從前哲學家、宗教家、大半以爲這些本能衝動和情感都是卑劣的、不道德的、危險的，承認壓抑是最好的處置。他們的整部道德信條有時只在理智鎮壓情慾。我們在上文指出這種看法的不合理，說它違背平均發展的原則，容易造成畸形發展，其實它的禍害還不僅此。

佛洛依德（Freud）派心理學告訴我們，本能衝動和附帶的情感僅可暫時壓抑，不可永遠消滅，它們理應有自由活動的機會，如果勉強被壓抑下去，表面像是消滅了，實際上在隱意識裡凝聚成精神上的瘡結，爲種種變態心理和精神病的根源。

依佛洛依德看，我們現在文明社會中人因受道德、宗教、法律、習俗的裁制，本能衝動和情感常難得正常的發洩，大半都有些「被壓抑的慾望」所凝成的「情意結」（Complexes）。這些情意結潛蓄著極強烈的搗亂力，一旦爆發，就成精神上種種病態。

但是這種潛力可以藉文藝而發洩，因爲文藝所給的是想像世界，不受現實世界的束縛和衝突。在這想像世界中，慾望可以用「望梅止渴」的辦法得到滿足。文藝還把帶有野蠻性的本能衝動和情感提到一個較高尙純潔的境界去活動，所以有昇華作用（Sublimation）有了文藝，本能衝動和情感才得自由發洩，不致凝成瘡結，釀成精神病，它的功用有如機器方面的「安全瓣」（Safety Volve）。

佛洛依德的心理學有時近於怪誕，但實含有一部分眞理。文藝和其他美感活動給本能衝動和情感以自由發洩的機會，在日常經驗中也可以得到證明。我們當愁苦無聊時，費一點工夫來欣賞藝術作品或自然風景，滿腹的牢騷就馬上煙消雲散了；讀古人痛快淋漓的文章，我們常有「先得我心」的感覺；看過一部戲或是讀過一部小說以後，我們覺得曾經緊張了一陣是一件痛快事。這些快感都趨於本能衝動和情感在想像世界中得解放。

最好的例子是歌德著《少年維特之煩惱》。他少時愛過一個已經訂婚的女子，心裡痛苦已極，想自殺以了一切。只有一天他聽到一位朋友失戀自殺的消息，想到這事和他自己境遇相似，可以寫成一部小說。他埋頭兩禮拜，寫成《少年維特之煩惱》，把自己心中怨慕愁苦的情緒一齊傾瀉到書裡，他的煩惱便去了，自殺的念頭也消了。

從這實例看，文藝確有解放情感的功用，而解放情感對於心理健康也確極有大的裨益。我們通常說一個人情感要有所寄託，才不致枯燥煩悶，文藝便是大家公認寄託情感的最好的處所。所謂「情感有所寄託」，還是說它要有地方可以活動，可得解放。

第二、是眼界的解放　宇宙生命時時刻刻在變動進展中，希臘哲人有「濯足急流，抽足再入，已非前水」的譬喻。所以在這種變動進過程中，每一時每一境都是個別的、新鮮的、有趣的。

美感經驗並無深文奧義，它只在人生世相中見出某一時某一境特別新鮮有趣而加以流連玩味，或者把它描寫出來。這句話中「見」字最要緊。我們一般人對於本來在那裡的新鮮有趣的東西不容易「見」著。這是什麼緣故呢？

不能「見」必有所蔽。我們通常把自囿在習慣所畫成的狹小圈套裡，讓它把眼界「蔽」者，使我們對它以外的世界都視而不見，聽而不聞。比如我們如果囿於飲食男女，飲食男女以外的事物就見不著；囿於奔走鑽營，奔走鑽營以外的事就見不著。有人向海邊農夫稱讚他們的門前海景美，他很羞澀地指著屋後菜園說：「海沒有什麼，屋後的一園菜倒還不差。」一園菜囿住了他，使他不能見到海景美。

我們每個人都有所囿，有所蔽，許多東西都不能見，所見到的天地是非常狹小、陳腐、枯燥的。詩人和藝術家所以超過我們一般人者，就在情感比較眞摯，感覺比較敏銳，觀察比較深刻，想像比較豐富。我們「見」不著的他們「見」得著，並且他們「見」得到就說得出，我們本來「見」不著的他們「見」著說出來了，就使我們也可以「見」著。像一位英國詩人所說的：「他們借他們的眼睛給我們看。」「They lend their eyes for us to see.」

中國人愛好自然風景的趣味是陶謝王韋諸詩人所傳染的；在Turner和Whistler以前，Byron以前，歐洲人很少讚美威尼斯；前一世紀的人崇拜自然，常咒罵城市生活和工商業文化，但是現代美國、俄國的文學有時把城市生活和工商業文化寫得也很有趣。

人生的罪孽災害通常只引起憤恨，悲劇卻教我們於罪孽災禍中見出偉大莊嚴；醜陋乖訛通常只引起嫌惡，喜劇卻教我們在醜陋乖訛中見出新鮮的趣味；Rembrandt畫過一些疲癃殘疾的老人以後，我們見出醜中也還有美；象徵詩人出來以後，許多一縱即逝的情調使我們覺得精細微妙，特別值得留戀。

文藝逐漸向前伸展，我們的眼界也逐漸放大，人生世相越顯得豐富華嚴。這種眼界的解放給我們不少的生命力量，使我們覺得人生有意義，有價值，值得活下去。許多人嫌生活乾燥，煩悶無聊，原因就在缺乏美感修養，見不著人生世相的新鮮有趣。這種人最容易墮落頹廢，因爲生命對於他們失去意義與價值。

「哀莫大於心死」，所謂「心死」就是對於人生世相失去解悟與留戀，就是不能以美感態度去觀照事物。美感教育不是替有閒階級增加一件奢侈，而是使人在豐富華嚴的世界中隨處吸收支持生命和推展生命的活力。

朱子有一首詩說：「半畝方塘一鑑開，天光雲影共徘徊，問渠那得清如許？爲有源頭活水來。」這詩所寫的是一種修養的勝境。美感教育給我們的就是「源頭活水」。

第三、是自然限制的解放 這是德國唯心派哲學家康德、席勒、叔本華、尼采諸人所著重的一點，現在我們用淺近語來說明它。

自然世界是有限的，受因果律支配的，其中毫末細故都有它的必然性，因果線索命定如此，它就絲毫移動不得。社會由歷史鑄就，人由遺傳和環境造成。人的活動寸步離不開物質生存條件的支配，沒有翅膀就不能飛，絕食就會餓死。由此類推，人在自然中是極不自由的。

動植物和非生物一味順從自然，接受它的限制，沒有過分希冀，也就沒有失望和痛苦。人卻不同，他有心靈、不可饜的慾望，對於無翅不飛、絕食餓死之類事實總覺有些歉然。

人可以說是兩重奴隸，第一服從自然的限制，其次要受自己的慾望驅使。以無窮慾望處有限自然，人便覺得處處不如意、不自由，煩悶苦惱都由此起。

專就物質說，人在自然面前是很渺小的，他的力量抵不住自然的力量，無論你有如何大的成，到頭終不免一死；而且科學告訴我們，人類一切成就到最後都要和諸星球歸於毀滅。在自然圈套中征服自然是不可能的，好比孫悟空跳來跳去，終跳不出如來佛的掌心。

但是在精神方面，人可以跳開自然的圈套而征服自然，他可以在自然世界之外，另在想像中造出較合理的感情的世界，這就是藝術的創造。在藝術創造中，人可以把自然拿在手裡玩弄，剪裁它、錘鍊它，重新給以生命與形式。每一部文藝傑作，以至於每人在人生自然中欣賞到的美妙境界，都是這樣創造出來的。

美感活動是人在有限中所掙扎得來的無限，在隸屬中所掙扎得來的自由。在服從自然限制而汲汲於飲食男女的尋求時，人是自然的奴隸；在超脫自然限制而創造、欣賞藝術境界時，人是自然的主宰，換句話說，就是上帝，多受些美感教育，就是多學會如何從自然限制中解放出來，由奴隸變成上帝，充分地感覺人的尊嚴。

愛美是人類天性，凡是天性中所固有的必須趁適當時機去培養，否則像花草不及下種、及時培植一樣，就會凋殘萎謝。達爾文在自傳裡懊悔他一生專在科學上做工夫，沒有把他年輕時對於詩和音樂的興趣保持住，到老來他想用詩和音樂來調劑生活的枯燥，就抓不回年輕時那種興趣，覺得從前所愛好的詩和音樂都索然無味。他自己說這是一部分天性的痲木。這是一個很好的前車之鑑。

美育必須從年輕時就下手，年紀愈大，外務日紛繁，習慣的牢籠愈堅固，感覺愈遲鈍，心裡愈複雜，欣賞藝術力也就愈薄弱。

我時常想，無論學那一科專門學問，幹那一行職業，每個人都應該會聽音樂，不斷地讀文學作品，偶爾有欣賞圖畫雕刻的機會。在西方社會中，這些美感活動是每個受教育者的日常生活中的重要節目；我們中國人則專習文學藝術的低降，與精神的頹靡。

從歷史看，一個民族在最興旺的時候，藝術成就必偉大，美育必發達。史詩悲劇時代的希臘、文藝復興時代的義大利、莎士比亞時代的英國、歌德和貝多芬時代的德國都可以為證。

我們中國古代對詩、樂、舞的嗜好也極普遍。『詩經』、『禮記』、『左傳』諸書所記載的詩、樂、舞的盛況常使人覺得彷彿是置身於歐洲社會。孔子處周衰之際，特置慨於詩亡樂壞，也是見到美育與民衆興衰的關係密切。

現在我們要想復興民族，必須恢復周以前詩、樂、舞的盛況，這就是說，必須提倡普及的美感教育。

·臺版附錄（一）·《文學雜誌》復刊卷頭語

《文學雜誌》在二十六年創辦，發行了四期就因抗戰停刊。當時每期銷行都兩萬份以上，在讀者中所留底印象並不算壞，事隔十年，到現在還有讀者打聽有無復刊的消息。這一點鼓勵，使我們提起勇氣把它恢復起來，雖然我們明知道目前復刊，是處在一個不很順利的環境。我們準備著挺起腰桿奮鬥下去。

我們的目標在原刊第一期已表明過，就是提取寬大自由而嚴肅底態度，集合全國作者和讀者的力量，來培養成一個較合理底文學刊物，藉此在一般民衆中，樹立一個健康底純正底文學風氣。我們現在仍指望著這個目標向前邁進。

我們剛才說過，目前文學雜誌復刊是在一個不很順利底環境，這大概是無庸多加說明底。這些年來，由於國家民族當了空前的大難，引起整個局面的騷動，出版業蕭條，從事文學底人們生活不安定，因之作品的產生隨時都受障礙。但是最嚴重底情形還不僅在此，而在一些本來與文學無緣的人們打著文學的招牌，作種種不文學底企圖，把已經混亂底局面弄得更混亂。他們製造出來底大半不是印出來供報銷而沒有人看底空洞闈墨，就是有人看而危害健康底刺激和麻醉劑，一般低級趣味底刊物對於現代青年所注射底毒汁流禍之烈，恐怕有甚於鴉片煙。

這就是我們所謂不很順利底環境，這也就是我們所要盡我們的力量去克服底環境。我們想用滋養來代替刺激麻醉，用麥麵米飯來代替鴉片嗎啡。

我們對於文學底看法，猶如我們對於文化底看法，認為它是一個國家民族的完整生命的表現。一個國家民族的完整生命有它底歷史傳統，現實底內部環境與外來影響，以及全體國民對於這些要素所釀成底實際生活底體認。因此，文學這棵花所賴以滋潤底土壤很廣，它不能脫離哲學、藝術、科學等等文化部門而獨立。儘管文學不必直接討論這些文化部門，它的根卻必須伸到它們裏面去吸收滋養。因為這個緣故，我們準備於文學創作和理論之外，每期略載討論一般文化思想底文章。

我們認為文學上只有好壞之別，沒有什麼新舊之差，我們沒有門戶派別之見，凡是眞正愛好文學底人們，儘管在其他方面和我們我們的主張或見解不同，都是我們底好朋友。我們想把這個刊物辦成爲一個全國性底刊物。凡是愛護本刊而肯以好作品見投底我們都一律歡迎。

理想常是走在現實前面，我們所發表的文章或者不盡能符合讀者的理想，但是我們底態度是謙虛底，一切善意底批評我們都情願接受來作爲時時圖謀改進的參考。

至於惡意底批評我們準備一概置之不理。市場上許多惡性競爭的惡伎倆不幸久已闖進文壇，多家都想賣獨家貨，以爲打倒旁人就可以抬高自己，是浪費精力於操縱捭闔，鬧市罵街。其實這不僅是浪費精力，也顯得趣味低劣。

遇著這種排擠，我們絕對不回手。我們希望這刊物仗著它本身的力量生存，如果它沒有生存底力量，它就會不打自倒；如果它有生存底力量，那是打不倒底。是非自在人心，最後底公正底裁判者還是大多數讀者。我們準備接受這最後底公正裁判。

有人說過，一個作家不僅要能創造他底作品，還要能在讀者群衆中創造能欣賞那種作品底趣味。這話固然不錯，但是在另一方面，如果沒有能欣賞好作品的讀者群衆，能寫好作品底作家也不容易產生，至少是不容易得到鼓勵的。

就這個意義來說，一個好的文學並不是一個特殊職業階級的成就，而是全民衆的成就。現在有些人在驚訝我們處在這樣偉大底時代，何以沒有能產生一個偉大底文學，甚至於把失敗的責任一齊推到從事文學底人們底身上去。在我們看，這未免把事情看得太簡單。

第一，任何偉大底文學都不是一蹴而就，它需要深廣底根源與堅定而長久底努力。我們現在還沒有脫離叫囂浮動的狀態，要想眞正創造一點有價値底東西出來，我們必須鎭定沈著，實事求是，穩紮穩打，有一番工夫自然會有一番效果。

其次，像我們剛才所說底，作者與讀者互爲因果，有什麼作者便有什麼讀者，有什麼讀者也便有什麼作者。作者與讀者互相提高水準，文學才能順利迅速地發揚光大。單就一個文學刊物來說，情形也是如此。

我們在開頭表明宗旨時，就說要「雙合全國作者和讀者的力量」來辦成一個較合理想底文學刊物。這裏底插句是非常重要底。我們的理想能否實現，就要看作者與讀者們能否愛護與贊助。一個編輯者的地位是很卑微底，他只是作者與讀者中間的一個媒介人。處在這個卑微底地位，我們籲求一切眞正愛好文學底作者與讀者們共同努力，使本刊成爲他們中間的一個値得愛護底聯繫。

·臺版附錄（二）·朱孟實與《談修養》

江應龍

一個人活在這個世界上，必須活得有意義，自強不息，日新又新，能夠感覺到生活的快樂，能夠體味到生命的旨趣，如源頭活水，滔滔不絕，這才是有意義的人生。

一個人求學是爲了獲得知識，因爲知識就是能力；但更重要的是學做人。「讀聖賢書，所學何事？」《禮記》大學篇開頭便說：「大學之道，在明明德，在親民，在止於至善。」大學教人從格物、致知、誠意、正心、修身、齊家，到治國平天下，叫大家做一個高瞻遠矚，氣宇軒昂，堂堂正正的大丈夫，而不是做一個儲藏知識的容器，記錄知識的工具，或只是限於某種用途的機器。

讀書的目的只是求學問，學做人。我國幾千年來所辦的教育，都是爲了要學生進修德業，修己治人，「己欲立而立人，己欲達而達人。」都是爲了培植頂天立地的大人物，養成造福人群，報效國家的眞正人才。

近百年來，由於海禁大開，歐風美雨，交迫而來。和別人短兵相接的結果，鎩羽而歸。於是對自己的文化起了懷疑，以至於全盤否定。於是莫衷一是，無所適從；於是搖擺不定，徬徨無依；於是跟著人家亦步亦趨，朝秦暮楚，弄得自己四不像。結果是教育發生了偏差，偏重知識，忽略做人的道理，學校成了知識販賣的場所，青年們忽略了生活修養。近百年來除　蔣公外，我們沒有出過什麼掀天揭地旋乾轉坤的大人才，這和我們這種缺乏本國精神，沒有固定宗旨，唯他人馬首是瞻的教育制度不無關係。

國文程度每下愈況，中小學國文史地教材水準日益低落，是擺在面前的鐵的事實。兒童、青少年在記憶力最強、求知慾最強、接受能力最強的時期，沒有讀到代表本國文化、修身養性的好書本，沒有什麼東西可奉爲圭臬準繩。編狹、自私、現實、目光短淺，唯利是圖的性格，由於後天環境的影響而逐漸養成「滔滔者天下皆是也，而誰與易之？」這是一件多麼令人痛心的事！

小學且不說他，在中學、大學，有很多書是不想讀而又不得不讀，有很多課是不想上而不得上，我個人回顧以往，覺得上了許多課，讀了許多課本，到後來毫無用處。因此感覺自己走了不少冤枉路。

記得王雲五先生曾經慶幸自己沒有讀正規學校，節省了許多不必要的課、讀不必要讀的書，才讀了許多自己想讀的書，才有今天的成就。換句話說，他沒有走我們大家走的那些冤枉路，是值得高興的事。

中學六年，大學四年（一般情況）。功課壓力很大，有許多課本又不是我們喜歡讀的，或不能滿足我們的求知慾，所以讀課外書，便是十分重要的了。

課多書種類很多，前面說過，處世做人，十分重要。正確的人生觀，合理的生活態度，十分重要，因此談修養之類的書也就比其他種類的課外書更重要了。

以我個人而論，小時候讀了許多聖經賢傳，一部四書給我的影響更大。但那些聖經賢傳寫成的時間距離我們畢竟過於遙遠，只能給我們懸一個目標，立一個準鬥，無法解決擺在面前的許多現實問題。等到我讀了朱孟實先生的《給青年十二封信》以及《談美》兩書之後，心胸豁然開朗，把我幼小的心靈，引到了另一個境界。

抗戰發生後，我兩次陷入敵後，冒著九死一生的危險，偷渡長江，匹馬單槍，跋涉長途，迢迢千里，歷經了險阻艱難；經過兩年多的時間，才到達了戰時陪都重慶。

這時正是抗戰最艱苦的時期，我國遭遇了五千多年來未有之大變局，我有著年輕人都有、有應有的煩惱與苦悶；也有著年輕人都有、也應有的悵惘與徬徨。就在這個時候，我讀了兩本書，這兩本書指引我走出迷津，使我確立了志向，堅定了信心，我自信幾十年來有正確的人生觀、有合理的生活態度與生活修養，對國家、民族、對社會人群多多少少有其微末的貢獻，受這兩本書的影響很大。一本是羅家倫的《新人生觀》，一本是朱孟實的《談修養》。

平心而論，羅、朱兩先生雖同爲英國留學生，但羅先生做官的時間太長，治學的時間太短；朱先生卻一直沒有離開學問。朱先生有中國文學、西洋文學、西洋哲學方面的深厚修養，又似非羅先生所可及。

《新人生觀》中許多觀點，我個人也不完全同意。如有許多地方把外國民族性說得太好，把自己民族性說得太差。在「道德的勇氣」一篇中，拿美國林肯當選總統後「一聲不響的凝視壁上掛的一幅美國地圖，看了許久，他嚴肅的跪在地圖面前祈禱……。心裏想：假如一般中國人聽到自己能當選爲大總統的消息，豈不要眉飛色舞，立刻去請客跳舞嗎？」這種「想當然」的話，把中國人說得太不值錢了，把一個有資格當選總統的人說得太不值錢了。然後又扯到牡丹亭中的教書先生陳最良，科舉中了，口裏唸道：「先師孔夫子，猶未見周王，老夫陳最良，得見聖天子，豈偶然哉！豈偶然哉！」於是高興得滿地打滾。說和林肯「是何等相反的寫照！」這眞是不倫不類的比喻。

大家都知道林肯是美國最偉大的總統，而陳最良卻是寫戲曲的人杜撰的人物，根本沒有這個人；即使有，也不會人人如此，個個教書先生如此，這豈不是以偏概全？如果我拿唐太宗或蔣總統和美國前任總統尼克森來比較，究竟誰偉大？誰渺小？而尼克森確有其人，而且確實做過美國的總統，並非杜撰人物。

《談修養》就沒有這種毛病。《談修養》以中國文化作基礎，以儒家思想作骨幹，而以西方哲學現化思想融會其中，穿插其間，說理透闢，行文平實而暢通，不作驚人之論、新奇之語，不堆砌美麗的辭藻，不故意用歐化的句法以眩世惑俗，譁眾受寵。清言娓娓，向你不憚其煩、不厭其詳的徐徐道來，使你感覺他的文詞有一種自然、純淨、平實、博雅之美，旁徵博引，頗具說服的力量。

「一番語重心長的話」，態度誠摯，十分感人：「談立志」、「朝抵抗力最大的路徑走」，鼓勵青年奮發向上；「談青年的心理變態」，則又是對症下藥，切中肯綮；「個人本位與社會本位的倫理觀」，將兩者的關係，作入情入理的分析。今天的青年，卻太注重前者了。「談處群」共三篇，描寫「病徵」，找出「病源」，然後提出辦法——「處群的訓練」。處群的習慣、常識與訓練，也是我們青年人最感欠缺的，實在應該好好讀它。

「惻隱之心」、「羞惡之心」，首見於孟子，但孟子講的哪有這樣詳盡？這樣透闢？這樣切合今天這個時代？「冷靜」是青年人最欠缺的，作者特別提出文藝活要冷靜，做人更要冷靜，所引《詩經》及《世說新語》的三個故事，都發人深省；「談學問」、「談讀書」都是深入淺出的過來人語，也就是閱歷之言；「英雄崇拜」似乎是中國人比較缺乏的，所以應該特別強調。底下「談交友」、「談戀愛結婚」、「談消遣」、「談體育」，都是青年人的切身問題，也是青年人最感興趣的問題，本書中都會給你精闢的分析，對你的疑問也會做滿意的答覆。

你一定會高興得手舞足蹈，有如在沒有燈光的隧道裏摸索了很久，一旦發現洞口，得覩光明，慶幸自己能夠走上正路。最後兩篇「談價值意識」、「談美感教育」，是較有深度的哲學問題。但作者以深入淺出的筆調，寫得活潑生動，你絕不會感到枯燥乏味，只會感到引人入勝的。

朱孟實先生，安徽省桐城人，桐城中學畢業，與方東美先生（前臺灣大學哲學系教授）同班。後肄業武昌高等師範學校（武漢大學前身）。未卒業即轉學香港大學，獲文學士學位。後遊學英倫，入愛丁堡大學研究哲學，民國二十三年返國。

他先後任教江灣立達學園，上虞白馬湖春暉中學，與夏丐尊等同事，又曾任教吳淞中國公學，清華大學講師。民國二十四年任國立北京大學教授，兼北平女子文理學院講師（各校任教先後時間待查）。抗日戰爭發生後，國立武漢大學西遷川西嘉定，朱先生改任該校教授，兼文學院長、教務長，勝利復員後仍回北平國立北京大學任教，兼文學院長、外文系主任，任北平沙灘中老胡同三十二號附六號。大陸撤退時未及逃出，陷身大陸，情況不明。

據張起鈞、唐傳基兩教授說，朱先生學問好、風度好，爲大家所敬仰，是個謙謙君，恂恂儒者，予人以極佳的印象。

抗戰時期及勝利後，共匪利用戰後元氣未復，物質缺乏，公教人員生清苦種種弱點，用種種卑劣手段，對學者、教授、文藝作家，極盡撥離間、牢籠拉攏之能事，部分缺乏定力的人，受其愚弄，以左傾爲時髦，爲共匪作義務宣傳的傳聲筒，攻訐政府，侮辱領導人而自以爲前進，獨朱先生不爲所動，特立獨行。仔細檢查朱先生的言論著作，便見分曉。而且不直共匪所爲，有時加以口誅筆伐。試看他所主編的民國三十六年六月一日出版的文學雜誌（上海商務印書館出版）第二卷第一期所寫的「復刊卷頭語」，便知端的。

據香港友人言，朱先生在匪區極不得意，十分痛苦，如匪區編印的中學語文教科書、文學教科書，每冊都有毛匪的作品，其他新文藝作家如魯迅、巴金、茅盾、郭沫若、老舍、冰心、艾青、田漢、曹禺甚至朱自清……等人的作品常被選入。但朱孟實的作品，從未被選入過。他的處境，就可想而知了。

朱先生生於清德宗光緒二十四年戊戌。公元一八九八年，也就是戊戌政變那一年回國，那年是三十七歲。如果他現在還在，應該是七十九歲的高齡了。

聽說他口才不好，不善於言詞。回國以後，經常一襲藍布衫，看起來土裏土氣。不像現在回國的許多留學生，洋氣十足，不可一世，滿口英語，連國語都懶得說了。

民國三十六年，我在南京國防部預備幹部局任局長室機要祕書，兼主編該局發行的《曙光》半月刊，後又自行創辦《現實》與《理想》月刊，自任社長兼總編輯，曾聘朱先生任兩個刊物的特約撰述。他爲我們寫稿不多，但魚雁往還，從無間斷。字裏行間，充分表現他是學養深厚，而且是富於感情的人。

朱先生的著作，據我所知，有下列數種：

《給青年十二封信》

民國十八年上海開明書店出版。內容爲談讀書、談動、談靜、談中學生與社會運動、談十字街頭、談多元宇宙、談升學與選課、談作文、談情與理、談擺脫、談在羅浮宮所得的一個感想、談人生與我。附錄無言之美、悼夏孟剛兩篇，另「再說一句話」代跋。

其中談讀書、談動兩篇，大陸未撤守前常被選入中學國文教科書。

《談美》

民國二十年十一月上海開明書店初版。三十六年一月印至十五版。臺北開明書店有重印本，六十四年十月重十版。內容共爲十五篇，前有朱自清序及他自己寫的「開場話」。

《變態心理學派別》

民國十九年上海開明書店出版。

《變態心理學》

民國二十二年上海商務印書館出版。

《文藝心理學》

初由北平書店出版。民國二十五年七月，改由上海開明書店出版。三十五年五月印至四版。臺北開明書店有重印本，六十四年十二月重九版。

內容共十七章，前有朱佩弦（自清）序，及「作者自白」，後附錄近代實驗美學，計顏色美、形體美、聲音美共三章。

《我與文學及其他》

原名《孟實文鈔》，抗戰前由上海良友公司印行，後良友公司倒閉，民國三十二年三月增訂重印，增加了「理想的文學刊物」，「從我怎樣學國文說起」兩篇。改書名爲《我與文學及其他》，前有同年五月朱自清（？）寫的一篇序，還有他自己寫的「增訂本自序」。

《詩論》

民國三十一年重慶國民圖書出版社初版。三十七年三月，改由上海正中書局出版。臺灣正中書局有重印本，是在已故師大教授杜呈祥先生任正中書局總編輯時，由筆者拱供影印。內容共十三章，附錄「一封公開信——給一位寫新詩的朋友」。原只十章。第十一章「中國詩何以走上律的路」（上）——賦對詩的影響。第十二章「中國詩何以走上律的路」（下）——聲律的研究何何以特盛於齊梁以後。第十三章「陶淵明」，是三十七年改由正中書局出版時加上去的。

前有抗戰版序，是三十一年三月在四川嘉定武大寫的；增訂版是三十年夏在北平北大寫的。

《談文學》

民國三十五年五月，上海開明書店初版。臺灣開明書店有重印本。六十三年十一月臺十二版。內容共收文學理論十六篇。其中「文學的低級趣味」分上下兩篇，「文學與語文」分上中下三篇。前有「自序」一篇。

《談修養》

民國三十一年冬在嘉定寫成，三十二年重慶大東書局初版。勝利後改由上海開明書店重版發行。

內容已見前文，前有「自序」，三十一年冬撰寫。

國際局勢混沌，姑息主義逆流日漸囂張。

這個時代，其苦難的程度，較之抗戰時期，有過之而無不及。

這個時代，對於青年人心理的影響，也是十分重大的。青年或對現不滿；或對未來保持悲觀的態度；或目光過於短淺、過於現實，斤斤計較於目前的本身的利害，而忽略了去花應該花的代價，艱苦奮鬥，創造自己輝煌的前途；或得過且過，今日主義，追求享受，年紀輕輕的便沈迷於男歡女愛，在異性之間找刺激；或淪於迷惘、消沈、頹廢、虛無主義。

因爲自己沒有中心思想，一片空虛，所以外國吹進來一股什麼主義的風，便一窩蜂（風）的找新鮮、趕時髦，趨之若鶩，挾幾本洋書或翻譯本，便沾沾自喜，高談闊論，自以爲前進，自以爲時髦，這簡直和中風狂走沒有兩樣。看看現在，瞻望前途，能不令有識之士捏一把冷汗！

夏丏尊先生於民國十一年元旦在白馬湖平屋爲朱先生的《給青年十二封信》寫了一篇序，有這麼一段話：

中國人在全世界是被推爲最實用的民族的，凡事向都懷一個極近視的目標：娶妻是爲了生子；養兒是爲了防老；行善是爲了福報；讀書是爲了做官；不稱入基督教的爲基督教信者，而稱爲「喫基督教」的；不稱投身國事的軍士爲軍人，而稱爲「喫糧」的。流弊所至，在中國，什麼都只是喫飯的工具，什麼都實用，因之，就什麼都淺薄。

試就學校教育的現狀看吧，壞的呢，教師的目的在地位薪水，學生目的但在文憑資格；較好的呢，教師想把學生嵌入某種預定的鑄型去，學生想怎樣揣摩世尚，畢業後去問世謀事。在眞正的教育面前，總之都免不掉淺薄粗疏。效率原是要顧的，但只顧效力，究竟是蠢事。青年爲國家社會的生力軍，如果不從根本上培養能力，凡事近視，貪浮淺的近利，一味襲踏時下陋習，結果縱不至於「一蟹不如一蟹」，亦只是一蟹仍如一蟹而已。國家社會還有什麼希望可說？

青年過於現實，過於注重目前的代價，過於想賺錢，過於求享受，過於個人主義。那些虛無的、頹廢的、高叫自己是失落的一代的，更不必說了。

夏先生說：「讀書是爲了做官」，這句話應該要修正了。現在的年輕人，讀書是爲了拿學位、爲了賺大錢、爲了出國、爲了拿綠卡、爲了取得美國永久居留權、爲了取得美國公民的資格。

當然我說的只是一般情形，仍然有許多有理想、有抱負、有操守、有作爲的青年，在那裏夙夜匪懈，努力奮鬥，爲自己的前槳孜孜矻矻，爲國家社會貢獻自己的聰明才智，未可一概抹殺。

在這個苦難的時代，怎麼去讓上述的那些現實的、享受的、頹廢的……青年們迷途知返，猛省過來，走上光明的陽關大道呢？如果拿聖經賢傳去讓他們讀，他們一定接受不了，也消化不了。這本《談修養》才是最好的藥方！

·臺版附錄（三）·朱孟實與《談修養》

趙滋蕃

朱孟實先生的《談修養》，在民國三十年的《中央周刊》上跟讀者們見面時，被認爲是一時絕唱，對抗戰時期青年們的影響，既深且遠。此書繼《給青年十二封信》之後問世，談做人的道得這麼親切、這麼胸襟遼闊，我眞佩服他這支生花妙筆。

朱先生治的是心理學，對克羅齊的美學，造詣甚深。此書共收勵志修身治人的短論二十篇。除第一篇「一番語重心長的話」爲全書的緒論外，其十九篇如「談立志」、「朝抵抗力最大的途徑走」、「談青年的心理病態」、「個人本位與社會本位的倫理觀」、「談處群」、「談惻隱之心」、「談羞惡之心」、「談冷靜」、「談學問」、「談讀書」、「談英雄崇拜」、「談交友」、「談性愛問題」、「談青年與戀愛結婚」、「談消遣」、「談體育」、「談價值意識」以及「談美感教育」等，對人生世相的透視角度，掉換頻繁，且輻射面甚廣。然這一切以平實、剛健、沈著、親切的筆觸出之，條理清楚，勁道內斂，語語有歷練，句句有識見，所謂「不離日用常行內，直到先天未畫時」，非有朱先生這樣的功力，別人就不容易辦到。

衡諸同類性質的講做人道理的書，三、四十年還沒有一人能超越它，不是沒有理由的。

單就他的文章，簡樸之中有如此眾多的變化，用最少的字量，能表達如此豐富的內容，時下的作者，面對這些文章，就應當生精神的內省。

修養關乎認識的深淺，故才須學，學須靜；故世事洞明皆學問，人情練達即文章。修養也關乎氣質，故我國教育的最高理想，不是思想的組織力，而是變化氣質。人的完成，時代、環境、學養與遺傳，都要發生作用。這本《談修養》，就在這四方面致力，它的看法是高遠的。

朱先生對人生的基本態度，用他自個兒來說：「歡喜冷靜、沈著、穩重、剛毅，以出世精神做入世事業，尊重理性和意志，卻也不菲薄情感和想像。」這種中和的態度，本身就需要很高的修養。文如其人，能做到這一層，就不是很容易的事。

走筆及此，使我想起朱孟實先生兩椿生活小事。

他寫字好用毛筆。任何新毛筆到他手上，必剪掉毛筆尖，他愛禿筆寫文章，這是一絕——雖然他的毛筆字除拙樸筆意外，並無特別可取之處；他口齒遲鈍，剛毅而木訥，有中國讀書人的土味，但他那口倫敦腔的英語，卻不脫英國紳士氣度。若有人在日常談話中加插外國字，他必加指摘，這是另外一絕——也由此可見他很性格。

今天我們來聽這位老實人的肺腑之言，我們得到的益處，定然要比那些肥肥胖胖的話有用得多。

朱光潛簡介

朱光潛（一八九七年九月十九日～一九八六年三月六日），字孟實，筆名孟實、孟石。安徽省桐城縣人，北京大學教授。

早年生活

- 朱氏自幼接受父親朱子香嚴格的私塾教育，十五歲開始就讀於孔城高小（現今孔城鎮桐鄉書院內），熟讀古文及唐、宋詩奠定其中國古典文學的基礎。半年後考入桐城中學，在桐城中學朱氏棄時文而從古文，受到國文教師潘季薰陶對中國舊詩產生了濃厚的興趣。中學畢業後，朱氏進入武昌高等師範學校（今武漢大學文學院）中文系學習。
- 入學後很快有考取了當時北洋政府的教育部派送生資格，於民國七年一九一八年至民國十一年一九二二年，就讀於香港大學，學習了英國語言與文學、教育學、生物學、心理學等課程，奠定了其一生參與教育活動和學術活動的方向。期間受胡適五四白話文學運動影響，毅然決定放棄古文和文言文，改寫白話文，不久即用白話文發表了其美學研究的處女作《無言之美》。

• 香港大學畢業後，經同班好友高覺敷介紹結識了吳淞中國公學的校長張東蓀，並於民國十一年一九二二年夏到該校中學部教習英文課程，兼校刊《旬刊》的主編。

• 江浙戰爭中吳淞中國公學關閉，隨即到浙江白馬湖春暉中學教書，因而結識朱自清、匡互生、夏丏尊、豐子愷、葉聖陶等好友。後來決定離開春暉中學到上海剛成立立達學園，提出教育獨立自由的宣言，並一方面籌辦開明書局（出版作品皆以中學生爲對象的出版社）和雜誌《一般》。

留學英法

• 一九二五年，考取公費留英，到愛丁堡大學選修英國文學、哲學、心理學、歐洲古代史和藝術史等，畢業後至倫敦大學學院聽莎士比亞課程，同時又在巴黎大學註冊，對研究西方哲學、藝術美學、心理學產生濃厚興趣。期間受巴黎大學文學院長德拉庫瓦教授所講授的藝術心理學啓發，起念寫下了《文藝心理學》。後又就讀於法國斯特拉斯堡大學，並於一九三三年獲得斯特拉斯堡大學博士學位，同時完成了其著作《悲劇心理學》。在歐洲留學期間，朱氏經常由於公費不發，經濟拮据，只得靠稿費維持生活。朱氏爲開明書局的《一般》撰稿，曾輯成《給青年十二封信》，該書反應了當時一些青年的心理狀況，暢銷全國。接著《文藝心理學》及其縮寫本《談美》、《變態心理學派別》（開明書局）、《變態心理學》（商務印書館），及譯著的《美學原理》陸續問世。期間朱氏的《詩論》也形成了初稿，還在羅素的影響下寫過一部講述符號邏輯派別的書（交於商務印書館，後在抗日戰爭中遭焚毀）。

返國任教

- 一九三三年回國，經好友徐中舒介紹給當時的北京大學文學院院長胡適，委聘爲北京大學西語系教授，除教授西方名著選讀和文學批評史以外，還在北京大學中文系和清華大學的中文系研究班講授《文藝心理學》和《詩論》，後又應留法結識的好友徐悲鴻邀請到中央藝術學院教授了一年的《文藝心理學》。當時正值京派文藝和海派文藝對壘。京派於新月時期最盛，卻在詩人徐志摩死於飛機失事後日漸衰落。胡適、楊振聲等人想重振京派，便組織朱光潛、沈從文、周作人、林徽因等人組成編委會，籌辦《文學雜誌》。朱光潛時任主編，朱自清、聞一多、馮志、李廣田、何其芳、卞之琳等人常爲雜誌撰稿。抗日戰爭期間，朱光潛應四川大學代理校長張頤，約任四川大學文學院院長，後由於武漢大學任教。

- 一九四九年中共建政以後，朱氏留居中國大陸，此後一直擔任北京大學教授，居住於燕東園二七號。其美學思想曾數度遭受批判，文化大革命時被指控爲「反動學術權威」，遭到抄家、鬥爭，並被剝奪執譯者的權利。
- 一九七六年文革結束後，朱光潛被恢復教授職務。此後致力於學術研究和教育領域，積極翻譯各類外文名著，撰寫文稿，發表演講及指導研究生。
- 一九八三年三月，他應邀去香港中文大學講學，一開始他就聲明自己的身分：我不是一個共產黨員，但是一個馬克思主義者。以此作爲他對自己後半生的思想定位。朱光潛學貫中西，博古通今。他以自己深湛的研究溝通了西方美學和中國傳統美學，溝通了舊的唯心主義美學和馬克思主義美學，溝通了「五四」以來中國現代美學和當代美學。他是中國美學史上一座橫跨古今、溝通中外的「橋樑」，是我國現當代最負盛名並贏得崇高國際聲譽的美學大師。
- 一九八四年夏朱光潛由於多年工作過於疲累，罹患疲勞綜合症，出現腦血栓，儘管健康狀況大爲轉差，他仍舊勤於執筆寫作。在朱氏逝世的前三天，他趁自己神志仍有稍許清醒，乘家人不防，竟艱難地沿梯獨自悄悄向樓上書房爬去，家人發現急來勸阻，他囁嚅地說，要趕在死前把《新科學》的注釋部分完成。

• 一九八六年三月六日，朱光潛在北京病逝，終年八十九歲。

貢獻與成就

朱光潛視野開闊，對中西文化都有很高的造詣。在他約七百萬字的論著和譯著，對中國文化做了深入研究，對西方美學思想做了介紹和評論，融貫中西，創造了自己的美學理論，在我國美學教學和研究領域做出了開拓性的貢獻，在我國文學史和美學發展史上享有重要的地位，是我國近代繼王國維之後的一代美學宗師，並享有很高的國際聲譽。

學術成就

朱氏爲中國現代美學的開拓者和奠基者之一。並致力於美學研究、美學教學，治學態度認眞，介紹、翻譯、論著美學的著述極爲豐富，多達六百餘萬字，開拓了中國美學研究的新領域。

《西方美學史》是朱光潛最重要的一部著作，也是中國學者撰寫的第一部美學史著作，具有開創性的學術價值，代表了中國研究西方美學思想的水平。對黑格爾《美學》的翻譯，爲他贏得了崇高聲譽。他的數量衆多的譯著和譯文爲中國的美學研究和文藝理論研究鋪平了前進的道路。早年，朱光潛是義大利美學家克羅齊的忠實信徒，並對近代美學的的眞正開山祖康德非常崇敬。

〈全書完〉

國家圖書館出版品預行編目資料

談修養／朱光潛 著：-- 修訂二版 .--
新北市：新潮社，2015.01
面；　公分 .--
ISBN 978-986-316-603-0（平裝）

1. 修身　2. 青少年

192.13　　103022045

談修養

朱光潛／著

2015年元月／修訂二版
2017年08月／二版二刷

〈代理商〉
聯合發行股份有限公司
新北市新店區寶橋路235巷6弄6號2樓
電話 (02) 2917-8022＊傳真 (02) 2915-6275

〈企劃〉

〔出版者〕新潮社文化事業有限公司
電話 (02) 8666-5711＊傳真 (02) 8666-5833
〔E-mail〕editor@xcsbook.com.tw
〔印前〕新鑫、東豪印刷事業有限公司

Printed in TAIWAN